俄羅斯國
竹斯其地
阿谷士海隅
黑龍江
興安嶺
吉林
盛京
朝鮮
日本
琉球
大東洋
外蒙古四盟
遼東內蒙古六盟
天山
新疆
沙漠
京師
渤海
甘肅
四川
江南
浙江
福建
廣東
廣西
雲南
貴州
臺灣
呂宋
瓊州
安南
緬甸
暹羅
英吉利屬地
新加波

監修者――木村靖二／岸本美緒／小松久男／佐藤次高

［カバー表写真］
魏源肖像(左)と林則徐肖像(右)

［カバー裏写真］
アヘン戦争図
(エドワード・ダンカン画，1843年)

［扉写真］
海国沿革図亜細亜
(『海国図志』巻3)

世界史リブレット人70

魏源と林則徐

清末開明官僚の行政と思想

Ōtani Toshio
大谷敏夫

目次

アヘン戦争期の開明官僚と思想家

林則徐《りんそくじょ》（一七八五〜一八五〇）と魏源《ぎげん》（一七九四〜一八五七）とはともに十九世紀中頃、清朝がイギリスと戦ったアヘン戦争の時期に生き、この戦いに正面から向き合った人物である。林則徐は欽差《きんさ》（皇帝直命派遣）大臣として広東《カントン》に派遣され、アヘンの密輸取締りをおこなったが、清朝はイギリスの進攻を恐れて和平条約を結んだため、開戦の責任を負わされ、罷免された。その後、林則徐は広東で入手した海外関係の文献や情報を彼の幕友《ばくゆう》▲でもあった魏源に手わたし、魏源はそれをもとにして南京条約後に海外紹介書としての『海国図志《かいこくずし》』を公刊した。

この書は長崎に来ていた清商をとおして、当時鎖国をしていた日本にもアヘ

▼**幕友**　地方官の顧問として裁判や財政などいっさいの事務の相談を受ける幕友には、地方官に就任する前の科挙試験をめざす者や試験に合格した者もいた。幕友には謝金が支払われた。清末になると地方官の行政全般にわたり政策を進言するものもあらわれた。

ン戦争の情報とともに伝来した。アヘン戦争の情報は、幕末外国船の出没に危機感をいだいていた幕府や各藩に伝わり、その情報をもとにつくられたアヘン戦争に関する書物が講読され、『海国図志』の翻訳も各地で始まる。このように幕末の変動期にあって、世なおしを進める志士たちにもっとも影響を与えた人物が、この両者であった。

今日、この両者をどのような人物とみることができるだろう。林則徐はイギリスとの戦いにおいて、民兵起用などありとあらゆる可能な手段をもってイギリス軍の侵略に抵抗した愛国者という一面があり、単なる排外論者でなく国際法を研究し国家間の外交・貿易のあり方まで検討していた、時代の先端を行く開明的な人物という一面もある。それだけでなく、彼は地方長官として数々の内政改革を提言実施し、国家財政の再建、民生の安定に尽力した。しかも晩年はイリ▲において、屯田などの開発事業にたずさわり、ロシア帝国の東進をいち早く警告するなど、清朝の経済発展、領土領民の保全に努めた行政官であった。

一方、魏源は、早くから地方高官の幕友として数々の内政改革を進言した。彼の若年には白蓮《びゃくれん》教徒の反乱が十数年も続き、これは鎮圧されたものの世情不

▼イリ　天山山脈の中ほどの山のふもと一帯の盆地をいい、イリ川およびその支流の流域である。この地域にはオアシスが点在しており、ここはシル・ダリヤ方面とジュンガル盆地とを結ぶ商路となり早くから開けていた。モンゴル帝国時代にはチャガタイ・ハン国の首都であったが清朝ではジュンガル征服後イリ将軍を配して間接統治をおこなっていた。

清代の行政機構図

〈中央官制〉

- 皇帝
  - 内務府〈総管内務府大臣〉(宮廷の事務)
  - 宗人府〈宗令〉(皇族の事務)
  - 軍機処〈軍機大臣〉章京以下
  - 内閣〈殿閣大学士・協辦大学士・内閣学士〉
    - 吏部〈尚書(長官)・侍郎(次官)〉(文官の任免・賞罰)
    - 戸部〈尚書(長官)・侍郎(次官)〉(財政)
    - 礼部〈尚書(長官)・侍郎(次官)〉(科挙・典礼・朝貢)
    - 兵部〈尚書(長官)・侍郎(次官)〉(武官の任免・賞罰・軍事行政)
    - 刑部〈尚書(長官)・侍郎(次官)〉(裁判・監獄・司法)
    - 工部〈尚書(長官)・侍郎(次官)〉(水利・屯田・土木・軍需品製作)
    - 理藩院〈尚書・左右侍郎〉(藩部の行政)
    - 都察院〈左都御史・左副都御史〉・六科給事中(行政の監察)
      都察院（監察御史）の下に十五道掌印監察御史。長官が左都御史，次官が左副都御史。監察御史は政務を監察し，官僚を弾劾する。京畿・河南・江南・浙江・山西・山東・陝西・湖広・江西・福建・四川・広西・広東・雲南・貴州の15道。
    - 通政使司　〈通政使・副使〉(題本の接受)
    - 大理寺　〈卿・少卿〉(死罪事件の調査)
    - 八旗・緑営
      八旗　満洲・蒙古・漢軍がある。入関後，首都北京に駐する禁旅八旗と，畿輔・各省・東三省・蒙古・新疆にいたるまでの地方に駐する駐防八旗があり，省城には将軍（軍標を監督）をおき，その下に都統，副都統，協領，佐領などの武官を設けている。
      緑営　兵部が管轄し，各省には督標・撫標があって総督・巡撫が監督し，その下に実際に軍隊を指揮する提督（提標を監督），総兵（鎮標を監督），副将，参将，都司，游撃，守備，千総，把総，外委が設置される。営制には馬兵・守兵・戦兵を有している。そのほか，外海・内河・長江に水師営を設け，おのおの提督一人をおく。これを水師提督という。その下に総兵，副将，参将をおく。太平天国の乱平定後，緑営軍は裁汰され，巡防営に改編される。
  - 翰林院
  - 詹事府〈侍読学士・侍講学士〉
  - そのほかの中央機関
    太常寺・光禄寺・太僕寺・鴻臚寺・国子監・欽天監・太医院・壇廟陵寝官

〈地方官制〉

- 皇帝
  - 順天府〈府尹・府丞〉—治中以下……北京付近の行政
  - 総督—緑営(督標)
    直隷・両江・陝甘・湖広・四川・閩浙・雲貴・両広
  - 巡撫—緑営(撫標)
    江蘇・安徽・山東・山西・河南・陝西・福建・浙江・江西・湖北・湖南・広東・広西・雲南・貴州
    - 布政使(財政)＊1
    - 按察使(司法)＊2
      - 道員＊3
        - 知府＊4
          - 知県
          - 知州
        - 直隷州知州 — 知県
        - 直隷庁同知
        （各省の行政と治安）
    - 塩政—塩運使(塩務)
    - 粤海関＊5
    - 提督—総兵—副将以下……緑営(軍政)
  - 提督学校(教育行政)
  - 将軍・都統—副都統—城守尉以下……各省駐防八旗(軍政)
  - 盛京五部(戸・礼・兵・刑・工)〈侍郎〉—郎中以下
  - 奉天府〈府尹・府丞〉—治中以下
  （東北地方の行政）

＊1　布政使（藩司）　各省の政および銭穀の出納をつかさどる。道府以下の文官の監督・転免，郷試の際の主任，戸口調査などを戸部に報告する。

＊2　按察使（臬司）　各省の司法を管理する職務。裁判事務，知府以下の下級審の監督。

＊3　道員　道とは省と府の間の行政単位。道員には一般的な職務を担当するものと，特殊な職務を担当するものがあり，後者には河工道・塩法道・糧儲道・駅伝道・海南道があった。

＊4　知府　知府は府の長官で，州県府を監督し，知州は州の長官で，ふつうの州では知県と同じ権限を有し，知県は直接人民に関係する職務をおこなう。ここから知県は牧民官という。その職務は租税の徴収，裁判，警察および監獄・公共建造物の営繕，教育，試験，賑恤など。そのほか，福建省泉州府同安県に属する厦門に泉州海防同知をおいた。海防同知とは，知府の下にあって，江海防務をつかさどる。その職権は知県と同等である。

＊5　粤海関　海関道は総督巡撫の委任を受け，海関を監理し，関税を徴収する道員である。1684(康熙23)年，海禁解除後，外国貿易を管理する機関として，江海関・浙海関・閩海関・粤海関をおいた。粤は広東・広西の故名であり，粤海関は広東省沿海の貿易税務を担当した。粤海関は機構上中央の戸部に隷属するとともに，長官は内務府に所属する満州旗人が任命された。

安は継続した。この世情不安の要因を探るなかで、財政と民生を疲弊させたものとして漕運・河工・水利・塩政(塩の販売)などを取り上げ、その改革案を地方高官に提示した。漕運・河工・水利については、まもなく起こるであろう黄河の大氾濫を予測して河運にかわる海運の実施、治水工事の徹底的な見直しを提言した。塩政については一部特権をもった綱商《こうしょう》(豪商)にかわり、散商《さんしょう》▲(一般商人)の自由販売を認める策▲を提言した。彼がこの大胆な内政改革案を提示しえたのは、公羊学《くようがく》による変革の理念をもっていたからである。当時学術界では朱子学が空理空論化し、時代の変化に対応するものとして公羊学が重んぜられるようになった。これをいち早く学習した魏源は公羊学の理念のもと、政治・経済改革策を提言したのである。

▼**散商**　公行(行商、次頁参照)以外の商人をさす。

▼**散商の自由販売を認める策**　「票法」といい、塩運使が発行する塩販売許可を定めた法。これによって豪商が独占していた塩の販売権が一般商人に認められ、自由販売が可能になった。

①—林則徐・魏源の生きた時代

イギリスの対清貿易とアヘン密売

清末の官僚林則徐と思想家魏源が生きた時代は、対外的にはイギリスを始めとする欧米列強が市場を求めてアジアに進出することが顕著になりはじめたころである。当時清朝は海外貿易を広東《カントン》港に限定し、それも政府認可の十三公行《こうこう》▲という特権商人だけが担当していた。一方イギリスも最初は特権をもった東インド会社が対清貿易を担当していたが、産業革命が進行するなかで、新興産業資本家が登場した。その頃綿工業の機械化により大量生産が可能となり、これら綿製品の市場としてアジア、とくに中国が標的となった。この産業資本家層と地方貿易商人の利益を代表する自由党が議会において勢力を増してくると、中国市場への進出はより盛んになった。

イギリスの対清貿易の主要な目的は、当初おもに茶の輸入であったが、その対価として銀の流出が増加したため、銀の回収手段として清に対するインド産のアヘンの販売を始めた。ただしアヘンは清朝では禁制品であった関係上、密

▼**公行**（行商）　一六八六（康熙二十五）年から南京条約締結まで広州の外国貿易を独占していた特権商人の総称。当初は広東・福建・浙江・江南の四省に海関を設け関税を徴収していたが、広州に行商をおき、輸出入の取引を独占させた。十八世紀中頃以降、外国船の来航の増加により、広東貿易は繁栄し、行商のなかで巨富を築く者も輩出した。行商の独占体制は外国商人にとって不利になるとのことで、その廃止を求めるようになった。

清代の中国

▼夷狄　中国周辺の異民族を古代から東夷・西戎・南蛮・北狄と称したが、これを総じて夷狄ともいった。さらに夷狄は四方遠国の民族にも用いられ、イギリスなど欧米諸国に対しては外夷といった。これら民族は礼にかなわない未開の国という意味であった。

輸でおこなわれるようになった。この密輸にたずさわったのが地方貿易商人である。産業革命によって資本としての銀の必要性がいっそう増し、銀をえるためにアヘンの密輸が急激に増加した。

　ここで両者の外交・貿易について具体的にまとめておこう。清朝が通商港を広州のみに限定したのは一七五七(乾隆《けんりゅう》二十二)年であり、その際外国商人との取引のいっさいを政府認可の「公行」に限定し、商品の種類も数量も制限した。また外国人に対して「防範条例」を設け、広東省内での越冬・家族同伴等々も禁止した。これに対してイギリスは九三年、マカートニー使節団を北京に派遣し、広州以外の寧波《ニンポー》・舟山《しゅうざん》・天津《テンシン》などを通商港にすること、広州付近の一区域をイギリス人の居留地にすること、さらには北京に商館を設立すること等々を要求したが、それらはすべて拒絶された。

　当時清朝は天朝と称し、他国はすべて朝貢国とみなされ、公文書においても「夷狄《いてき》」▲と記されている。そして清朝は土地が広大で産物が豊富な国であるため、貿易の必要性はなく、外国との貿易は恩恵とみなされていた。清朝の領域はますます拡大し、国富も豊かで民生も安定していた。しかし乾隆帝の頃、十《じゅう》全《ぜん》▲と称する版図拡大のための戦争を繰り返し、その戦費のため国富にかげりがみえはじめていた。一方、産業革命を完成させたイギリスは、いよいよ対清貿易拡大の必要性が増大し、一八一六(嘉慶《かけい》二十一)年、アマースト▲使節団を北京に派遣したが、規則に従う意思のないことをみてとった清の朝廷に接見を許されなかった。これに対してアマーストは、行商以外の商人である散商と結託したり、あるいは密貿易を利用してアヘン販売までおこなった。

中国へのアヘン密売の増加と対策

さてここでイギリスがインド産のアヘンを商品として中国に売り込むようになった経過を略述しておこう。中国では本来アヘンは、薬品としてごく少量輸入されていたにすぎなかったが、イギリスはこれを嗜好品として販売することを始めた。とくに一七五七(乾隆二十二)年、イギリスがアヘンの産地であるベンガルを占領して以後、中国のアヘンの輸入は徐々に増加し、七三年、イギリスのインド政庁が東インド会社にアヘン専売権を与えてから急激に増加した。中国国内のアヘン吸飲者は日ごとに増大し、そのため中国国民の健康上はなは

▼十全　乾隆帝が治世中にジュンガル・回部・金川・台湾・ベトナム・グルカへの遠征で十大武功をなしたことをいう。乾隆帝自ら、治世の終わりに「十全老人」と称した。

▼ウィリアム・アマースト(一七七三〜一八五七)　北京での皇帝謁見の礼として三跪九叩頭《さんききゅうこうとう》(三回跪いてそのつど三回頭を床につける)を拒んだため、皇帝に会うことはできず帰国した。のち、一八二三年インド総督、さらに三五年にはカナダ総督となった。

だ有害なものとなってきた。そこで政府は一七二九(雍正七)年に最初の禁令を出し、輸入が大量になってきた乾隆末年にいたり、さらにアヘン吸飲厳禁令を布告し、違反者に杖《じょう》刑・枷《か》刑(棒打ちや首かせの刑)を科することになった。ところが東インド会社は密貿易を組織してアヘンの輸出を続け、一方広州居住の清朝官員も賄賂を受けることにより密輸を黙認した。

一七九七(嘉慶二)年、イギリスのインド政庁は東インド会社にアヘン製造の特権を与え密貿易はさらに拡大した。東インド会社はアヘン貿易をジャーディン・マセソン商会▲やデント商会▲といった地方貿易商人に委ねることにより、清国側に対しては終始アヘン貿易とは無関係であるという立場をとったのである。ときにイギリス本国において産業革命が起こり、東インド会社の生産するインド綿織物に対抗して、ランカシャー綿織物を中心とする新興産業資本が進出し、一八一三年には、東インド会社の清国貿易の独占を打破するにいたったのである。そのなかで東インド会社によってもろもろの制約を加えられていた地方貿易商人も自由商人として本国工業製品の直接配給人になるとともに、アヘン密貿易の面においてもますます事業を拡大していった。アマーストが清国に派遣

▼ジャーディン・マセソン商会　前身はマニャック商会。ウィリアム・ジャーディンはスコットランド出身の長老派。一八三二年七月、同郷のジェームス・マセソンとともに広州で商会を創立。中国名を怡和洋行といった。左はマセソンの肖像。

▼デント商会　マセソン商会とともにアヘン貿易をおこなっていた商会で、中国名を宝順洋行といった。

▼ウィリアム・ネーピア(一七八六〜一八三四)　イギリスの海軍軍人。一八〇五年、海軍に入りトラファルガー海戦に参加。その後南ヨーロッパ・北アメリカの諸水域で対フランス戦に功績があった。一八三四(道

されたのは、イギリスの新興産業家層が英印貿易の自由を獲得し、さらに対清貿易にまでその勢力を伸ばそうとしていた時期である。

イギリス本国政府は、一八三四(道光《どうこう》十四)年以後、東インド会社にかわって政府直轄の貿易監督官としてネーピア▲を広東に派遣し、政府代表として対等の礼式をもって貿易交渉をおこなうことを提議させたが、その要請は受け入れられず、彼は澳門《マカオ》で病死した。続いて三六年末、首席貿易監督官に就任したのがチャールズ・エリオット▲である。エリオットは清国政府との対決を覚悟して砲艦政策▲によってアヘン貿易の保護と市場拡大を推進しようと本国政府に進言している。この背景には、地方貿易商人から自由貿易商人と呼ばれるようになったイギリス商人の支持があったのである。

一方清国側にあっては、当初は茶・生糸の輸出にともなう銀の流入により好景気が続いていたが、アヘンの輸入増加による銀の流出という事態に直面して深刻な不景気にみまわれることになった。明末清初以来、銀本位制が確立し、税制・金融・俸給・商取引など、すべての面において銀を中心として運営されていた。とはいっても農民は日常生活において銅銭を使用し、佃農《でんのう》(小作農)が

光十四)年、対清貿易上の案件改善のためマカオに到達。粤海関の許可なく広州に到着したため両広総督にあうこともできず、悲憤ののちマラリアにかかってマカオで病死。

▼チャールズ・エリオット(一八〇一〜七五)　イギリスの海軍軍人。中国では義律と表記。一八三四(道光十四)年、イギリス東インド会社の対清貿易独占権が廃止されたのちに設けられた貿易監督官となり、三六年首席に就任。当時イギリスは清朝の市場開放を求めていたが、アヘン貿易の対応に迫られ、林則徐と対決し、ついにはアヘン戦争に突入した。則徐罷免後、後任の琦善(三〇頁参照)と川鼻仮条約を結んだ。

▼砲艦政策　清朝政府が対外貿易に対してとった、いわゆる広東体制を打破するために、イギリスが海軍力を増強して、清朝に圧力をかけ、要望を実現しようとした政策。この要望は本国における産業資本家と自由貿易商人の目標であった。これを受けて自由党外相パーマストンはヴィクトリア女王の命令により軍艦を広東近海に派遣する政策を実施した。

一八三二年の広州

地主に支払う租は銅銭であるため、銀銭比価(換算価格)が経済界の安定度を示す尺度として考えられていた。当初、銀一両は銅銭一〇〇〇文に相当していたが、銀の流出が激化するにつれ、銀貴銭賎《ぎんきせんせん》(銀が高く銭が安い)の現象を呈しはじめた。この結果、一番被害を受けたのは、銅銭を日常使用する農民であった。

一八三五(道光十五)年になるとアヘン密売にともなう銀の流出がいっそう激化して銀一両が銅銭二五〇〇文になった。そこで、道光帝をはじめとした一部中央官僚のなかにも事態を憂慮する意見が高まり、皇帝は全国の総督《そうとく》・巡撫《じゅんぶ》(地方各省の長官)に諮問し、その対策を上奏させたのだった。その結果、アヘン厳禁論が大勢を占め、道光帝は林則徐を欽差大臣として広東に派遣し、アヘン問題の解決にあたらせるのである。

清中期以降の農村社会の不安定と行政

十八世紀末から十九世紀初頭は、清朝国内にも白蓮教徒の乱や回族・苗族《びょう》など少数民族の乱が発生し、地域社会が不安定になりはじめたころである。白蓮教徒の乱とは、乾隆帝が退位し、嘉慶帝が即位した一七九六(嘉慶元)年から十数年にわたって湖北・四川・陝西《せんせい》・河南・甘粛《かんしゅく》の各省の山岳地帯を中心にくりひろげられた弥勒下生《みろくげしょう》を信仰する宗教集団の乱をいう。白蓮教は明清時代邪教とされ、教団は秘密結社をつくり、ここに各地域から流民となった貧窮農民が参加し、勢力を拡大していった。一方、中国の西南部の雲南・貴州両省に住む苗族などの少数民族は雍正《ようせい》帝以来の改土帰流《かいどきりゅう》▲政策によって土司《どし》▲による間接統治をあらためて流官《りゅうかん》▲による清朝の直接統治にくり入れられることになった。この政策に反発する先住民の運動が、嘉慶朝以降、頻発するようになった。

白蓮教徒の乱や少数民族の紛争がこの時期多発する背景について検証しておこう。乾隆期、中国の人口は清初の約一億人から、三、四億人に増加した。人口の九割以上を占める農民は、地丁《ちてい》税制の確立により定額税制が確立したものの、税の徴収を請け負う胥吏《しょり》▲と、この胥吏と結託して浮収《ふしゅう》(余分に徴収すること)をおこなう官僚により、定額を上回る税が徴収され、農民の生活苦はいっそう増し、流民になる者もあった。流民となった農民のなかには、比較的人口が少ない西方各省の境界地帯に開拓農民として居住する者もあったが、そこにも受け入れられず白蓮教団の誘いに応じ入団する者がでてきた。また少数民族

▼**苗族の改土帰流政策**　雲南・貴州の山岳地域に居住している少数民族苗族は、これらの省と境を接する湖南にも移住してきて、ここで乾隆末年頃から反乱を起こすようになった。これと対応したのが湖南按察使傅鼐《ふだい》であった。その策とは、苗地に帰らせるというものであったが、成功せず、反乱は嘉慶年間(一七九六〜一八二〇)にもおよんだ。

▼**土司**　西南地域の蛮族を領掌した世襲の地方官。蛮族の首長。

▼**流官**　中央から派遣される地方官。

▼**胥吏**　吏胥ともいう。庶人で官にあたる者。地方官衙の吏は君主の任命ではなく地方官が採用した。その職務は地方事務いっさいの書類の作成などである。宋代以降科挙制度成立とともに士と庶の区別が明白になった。地方事務にたずさわるのは庶民のなかの吏となり、その職種は専門化した。

▼**和珅**（一七五〇〜九九）　満州正紅旗の人。一七六九（乾隆三十四）年、軽《けい》車《しゃ》都《と》尉《い》に就任後、七六年、軍機大臣・戸部尚書・議政大臣となり、専横を極めて私財を蓄積した。九九（嘉慶四）年、弾劾が集中、帝は大罪により自殺を命じ、家産を没収した。

居住地に移民した者と先住民との間に摩擦が生じ、これが紛争の原因となった。

白蓮教徒の乱の前年に、湖南の苗族が反乱を起こした。その原因は地方官の苗族に対する税金の厳しい取り立てと、漢人の土地開発とされている。さらに清朝は苗族鎮圧のため軍隊を出動し、その軍需費用を湖北の農民から徴収した。このことから、漢民族の農民の不満も広がった。このように、税金の厳しい取り立てを重ねる地方官の行為が、紛争を拡大したともいえるのである。

乾隆末期、皇帝の名代としての中央・地方官のなかには、汚職により私財を蓄積する者が多々あり、この官僚の腐敗が民生を圧迫する要因ともなっていた。その最たるものが中央高官の和珅《わしん》▲の汚職であったが、地方官の汚職も激増していた。一七九九（嘉慶四）年、乾隆帝が死んで嘉慶帝の親政が始まると、和珅を処罰し綱紀を粛正するとともに、行政の立て直しをはかった。郷村では農民を砦《とりで》のなかに移し、白蓮教徒軍の拡大を防いだ。それとともに官軍とは別に、団《だん》練《れん》という自衛団を組織したほか、郷勇を募集して白蓮教徒軍に対抗させた。

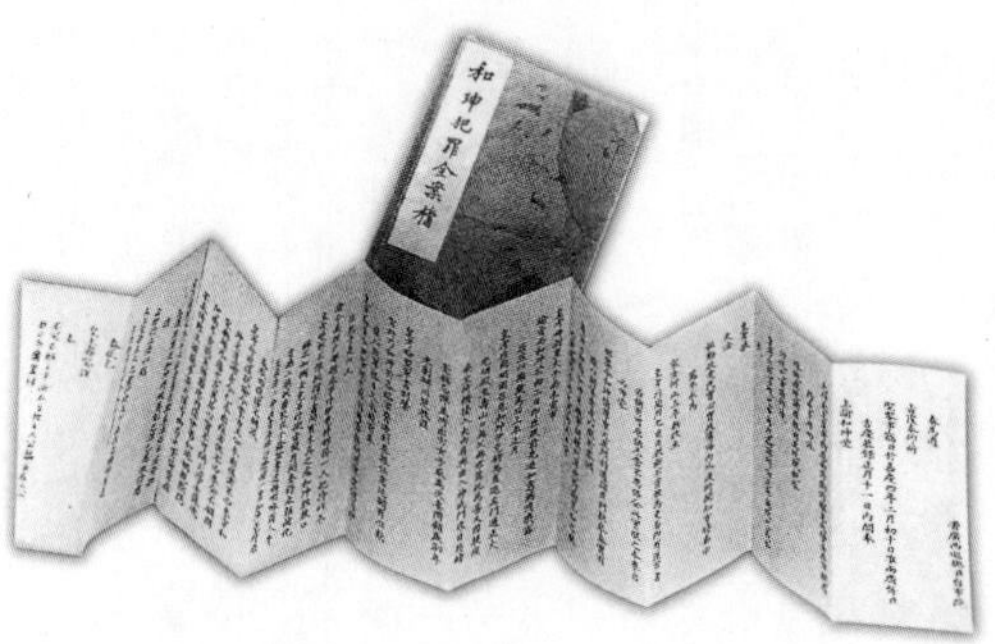

『和珅犯罪全案档』

清中期以降の都市の発達と行政

一方、江南の養蚕製糸業、福建・広東などの甘蔗、景徳鎮《けいとくちん》の陶磁器業など明代以来の商品生産の展開により、集散地として都市が発展していくが、なかでも清代に入るとイギリスの茶の需要が増加したこともあって、湖南・江蘇・浙江・安徽《あんき》・福建の生産地に茶園業が栄えるようになった。これら商品生産は、都市周辺の農村の家内工業と結びついたものであったが、そこでは問屋制生産もおこなわれていた。これら商人のなかには、遠隔地間の交易に従事する客商もいた。交易都市は北京・南京・南昌《なんしょう》・杭州《こうしゅう》・広州・武昌《ぶしょう》などであったが、絹織物の蘇州《そしゅう》、綿織物の松江《しょうこう》、塩業の揚州《ようしゅう》、陶磁器の景徳鎮など、特産物によって繁栄したところもあった。

商人のなかで、いわゆる「山西《さんせい》商人」と「徽州《きしゅう》商人」それに「広東公行」などは、清朝から特権を与えられていた。山西商人は票号(為替業)をおこない、徽州商人は塩商および金融業を営み、広東公行は海外貿易の独占によって巨富を積んだが、十八世紀半ば以降、これら特権商人の独占権を停止して、塩業・金融業とともに営業の自由化を進めていく。これは特権商人にかわる散商と呼ばれる新興商人の台頭を行政が認可したことによる。これら散商のなかには、商品を生産者から買い上げて販売するだけでなく、あらかじめ資金を貸しつけて高利をとる典当業（高利貸）などもいた。これによって利益をえた商人のなかには、捐納《えんのう》▲によって官僚になることで、商業活動をより有利にしようとする者もでてきた。清代では康熙《こうき》朝以降、捐納は継続し、当初は塩商などの特権商人がその対象であったが、嘉慶・道光朝以降は、新興の商人層にもおよんでいったのであった。

ところでこれらの新興の商人層が行政に関与する方式として、おもに江南の諸都市では、鎮董《ちんとう》（自治共同体の重職）制といわれるものが成立していた。鎮董制とは都市在住の有力者（郷紳《きょうしん》）が資金を提供して水利・被災民救済などを始めとする各種事業をおこない、これによって鎮董に就任することが慣例化してきたのである。この時代、農村では団練を結成した郷紳層が行政の一翼を担う存在となり、都市では商工業者同郷共同組織である会館・公所▲が基盤となって、そこから鎮董が選任されることになったのである。

このように農村・都市においても行政の行き詰まりを打開して新しい秩序を

▼捐納　国家に金を献じ、官位や職を購買し、入仕の道にすることをいう。清朝は正途である科挙を重視したが、康熙の頃より軍需や河川水利に関する事務費用を捻出するために、捐納を開くことがあった。嘉慶年間（一七九六〜一八二〇）、白蓮教徒の乱が発生し、捐納が多用化され、地方官では道員・知府までにおよんだ。道光帝は最初捐納を停止したが、一八〇二（嘉慶七）年には再開した。咸豊帝以後、軍事費が増加したため捐納は繁多になり、限制がなくなる。捐官廃止論は清末まで継続する。

▼会館・公所　他郷にある同省または同県の商工業者が、その地で団体をつくり組織したものである。親睦をはかるとともに、共通利益を目的とした事業もおこなっていた。明代以来会館という名称が生まれたが、清末になると居住地の県の公共事業を担う面もでてきた。

樹立する方法が模索されていたのである。

経世官僚と経世思想家

経世《けいせい》とは世をおさめるということであり、これと済民すなわち民を救うということが結びついて国と民のためになる行政を実施する思想および政策を意味する。より具体的にいえば、国用(国家財政)と民生(民の家計)を安定させることであり、それには政治の基本課題として吏治《りち》(官吏の行政)・用人(官吏の任用)・理財(財政の管理)の三要素が健全であるようにすることである。経世という用語が正式に中国の政治思想および政策に用いられるようになったのは、明末清初に『皇明《こうみん》経世文編』が編纂されてからである。この著は陳子龍《ちんしりゅう》▲らの編者が明代の政治思想および政策に関するものを集めて編纂したものであるが、この用語がふたたび用いられたのは、一八二六(道光六)年、魏源が江蘇布政使賀長齢《がちょうれい》▲の依頼を受けて、清代の政治思想・政策に関するものを集めて編纂した『皇朝《こうちょう》経世文編』である。これ以後、「経世文編」は清朝が崩壊するまで何度も編纂されている。

▼**陳子龍**(一六〇八〜四七)　明末の儒者。江蘇省松江の人。一六三七(崇禎十)年の進士。兵科給事中になった。故郷で「復社」を結成、古学の復興を唱えた。また『皇明経世文編』編集に参加し、明一代の経世文をまとめた。明朝滅亡後、南京の福王に仕えたが、辞任。帰郷後、監国魯王の誘いに応じて義軍を起こしたが失敗し自殺した。

▼**賀長齢**(一七八五〜一八四八)　清末の官僚。湖南省善化県の人。一八〇八(嘉慶十三)年の進士。翰林院庶吉士、編修を歴任。陶澍を補佐し海運を創行。また幕友の魏源に『皇朝経世文編』を編纂させる。山東布政使、山東巡撫、貴州巡撫、雲貴総督兼署雲南巡撫となり、回教徒の反乱鎮圧に失敗。

ところで経世の基本課題である吏治・用人については一七九六(嘉慶元)年、帝の綱紀粛正に呼応して洪亮吉《こうりょうきつ》▲が建言している。そのなかで亮吉は、「今日風俗が日々卑しくなっていくのは、士大夫が廉恥《れんち》をかえりみず、多くの官吏が綱《こう》常《じょう》(人が守るべき道義)をかえりみなくなったからであるから、清廉樸実《せいれんぼくじつ》の士を官に登用することと、吏治の粛正《しゅくせい》をおこなうべきである」という。それには総督・巡撫・布政使・按察使《あんさつし》・道員・知府《ちふ》にまでおよぶ餽謝《きしゃ》(感謝の意を示すために食物・金品などを贈ること)の風習を改めるべきだという。それは知府のもとにいる州県官が餽謝の費用を民からとり、それを知府に献上し、順次上官におよんでいくという悪習である。しかしこの進言は過激ということで帝の怒りにふれ、亮吉は新疆《しんきょう》のイリに左遷される。翌年許されて、その進言の内容は内外諸臣に配布され、その戒めとされるのであるが、それは九八年に摘発された和珅の汚職があったからである。

亮吉はその後「守令篇」を書き、守令(知府・知州・知県)は親民官であるので、民生吏治に専心する賢人をあてるべきであると説いた。そして守令が贈物やつけ届けのことばかりを気にしていて、行政をないがしろにしている実情を

▼洪亮吉(一七四六〜一八〇九)　江蘇省陽湖の人。一七九〇(乾隆五十五)年の進士。翰林院編修となり、貴州学政を督し、史館の纂修官を歴任。嘉慶初め上奏して時事を論じ、帝の忌諱にふれ、新疆のイリに流されたが、翌年許されて帰郷。以後、一生著述に専念。文集中の「吏胥」「守令」篇とともに「治平」「生計」の両篇は、当時の人口過剰のおよぼす課題を論じたものとして注目された。この点で「中国のマルサス」といわれている。

指摘する。また「吏胥篇」を書き、古《いにしえ》では今の吏胥にあたる三老▲などのうち、賢者が郡守や県令になったので世をおさめる術に通じ、法令をよくよく習得し、民を乱すようなことはなく、民に益ある存在であった。今の吏胥は官になる者がいなくなったので、民のなかでも狡猾な者が吏胥になった。そこで官が民を搾取する場合、吏胥の手を借りるようになり、このようにして吏胥の権力は、官庁をしっかり握りながら士大夫にはなめてかかって脅かし、また村の人々を食い物にするようになった。そしてその権力は子から孫へと伝来し、利益をはかり不正をなして私腹をこやす術はますますたくみになり、守令(州県官)・里老(郷村長)でその弊害を受ける者はますます多くなった。この弊害を除去するには、古《いにしえ》のように吏から官に登進するみちを与えることであると指摘する。この亮吉の提言はのちの吏治改革を模索する者の指針となった。

　嘉慶の治政後、道光帝が即位すると、ふたたび行政の刷新が提唱された。その際まず問題になったのは、地方官に支給されていた養廉銀《ようれんぎん》と陋規《ろうき》▲である。正規の給与だけでは官僚の家計がまかなえないため、地方官が正税の付加税として徴収していたものを養廉銀といい、雍正帝の時に限度を決めて公認したもの

▼三老　秦・漢時代、地方の長老で徳のある人が郷民から選ばれて、郡・県・郷の地方行政の教化を担当した。これを三老という。この三老のほか、村の訴訟や租税を担当した嗇夫《しょくふ》、村の見まわりや盗賊をとりしまる游徼《ゆうきょう》がおかれた。

▼陋規　規礼と節礼がある。規礼とは塩商・茶商・典当業者が贈った礼金。節礼とは年節の各時期に下級属員が上級官員に贈ったつけ届け。

である。その限度額をこえて徴収された付加税のことを陋規という。地方官はそれを幕友・門生▲・家人《かじん》▲・親族などの経費や、上司に贈る賄賂にあてたりしたが、この徴税事務を担当した胥吏も、その取得分として認められていた平余銀《へいよぎん》▲のほかに、陋規をとっていた。このように官も吏もともに付加税を余分にとっており、道光帝はこの点を問題にしたのである。ところが、結果は養廉銀は存続し、陋規は制限するのではなく、よく精査して過分にならないようにするという現状維持に終わっている。

また胥吏についても、民間の訟師《しょうし》(代言人)と結託して良民を苦しめているのに、州県官はその不正をあばくことすらできない点を指摘し、その不正の根拠を徹底的に究明し、例文に照らし懲戒することを求めている。この時期、胥吏には缺主《けっしゅ》という地方の行政事務を掌握する首領がいて、そのポストが売買の対象となっていた。このように胥吏は確固たる組織をもち、官と結託して私腹を肥やしていたのである。一七九六(嘉慶元)年、亮吉は官と吏の不正の実態を明らかにしていたのであるが、なんら適当な改善策もなく、問題は後世に先送りされた。

▼門生　科挙合格者が、試験官の先生に対して自分を門生と称するが、これら上官に近づいてその職務を担う点で、幕友と似た存在である。

▼家人　家丁ともいう。金を出して終身の労働を買いとったものであり、その職務は宅門の番など家庭の雑用をおこなった。なかには家計を委任されたものもあり、それにより蓄財したものもいた。

▼平余銀　官が取得する銀納の上乗せ分が、吏に与えられたもの。これは吏の俸給ともいえる。

経世家の官吏任用策

次に経世家が問題にしたのは、用人(官吏任用)である。当時官に任用されるみちとして正途・捐納・軍職があった。正途とは科挙に合格して官になったものであり、捐納とは先述したように、金を納めて官職をえたものであり、軍職とは軍功によって官職をえたものをいう。

科挙とは隋代に発足し、清代末期に廃止された高等官資格試験制度をいうが、清代では科目として進士科のみがあり、進士になるには府・州・県の童試に合格して生員となり、次に省都での郷試に合格して挙人となり、さらに中央吏部の会試に合格したのち、皇帝自らがおこなう殿試に合格しなければならなかった。試験科目として経義が重視されたが、その答案文を八股《はっこ》文▲という文体で作成させた。このことにより、枝葉末節の文の技巧に走る傾向がみられ、実務にうとい者が養成された。進士になれば、たいてい翰林院《かんりんいん》▲での職務につき、そのあと地方での行政監察や、郷試同考官などの任務か、地方行政最末端の州県官に任命されるが、せいぜい二、三年もすれば転任し、そのあとは中央・地方の行政官として昇進していった。そして「官に陞《のぼ》れば財を発する」という言葉の

会試の答案

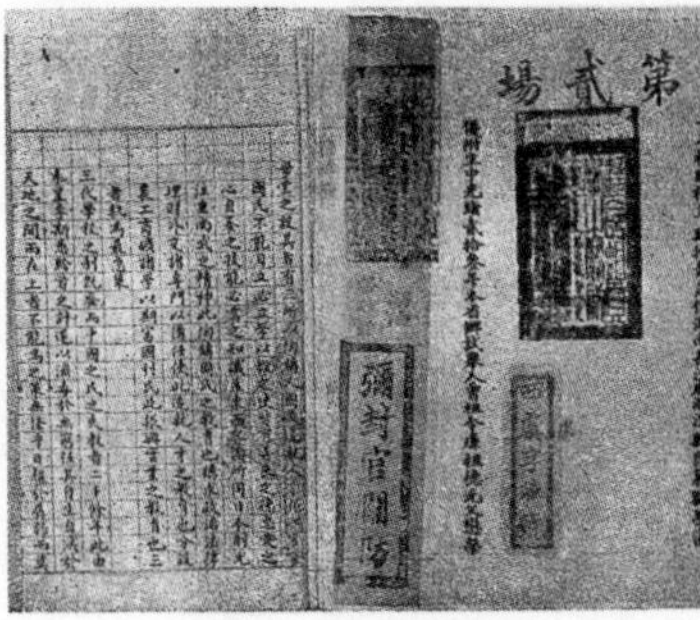

▼八股文　明清の官吏登用試験に用いられた文体で、対句形式が重んじられた。

▼翰林院　唐代に設けられた官庁で、天子の詔勅の作成をおこなった。明代に学士官から翰林院に改名されたが、ここに勤務する者は科挙の進士合格者のなかでも特に優秀な者が選ばれた。

▼包世臣（一七七五〜一八五五）　清末の経世思想家。安徽省涇県の人。一八〇八年の挙人。早くから農刑礼兵に関する経世策に関心をもち、大官の幕友として活躍、とくに江南の行政にかかわる漕・河・塩について、ときの江蘇巡撫・両江総督陶澍に改革策を進言した。またアヘン問題についても一八二〇年、その著『庚辰《こうしん》雑著《ざっちょ》』の中でアヘン流入による銀の流出が重大な社会・経済問題を引き起こすことを最初に警告し、厳禁策を林則徐に進言した。

ごとく、行政官である間に財を積むことが慣例となっていた。

嘉慶・道光期、内外の情勢が変化していくなかで、実務軽視の科試のあり方をみなおす経世家があらわれる。包世臣《ほうせいしん》▲は漢代の郷挙里選にならって各地域の人材を官に選ぶことを提案した。これは白蓮教徒の乱に際し、真に郷土を守ったのは、その地域の士人であった体験にもとづく意見でもあった。また科試については、八股文作成だけでなく、時勢に即した文を作成する科目をつくるべきだという意見もでてきて、これがのちの経済特科新設にいたるのである。

捐納についても、この時期ますます増加する傾向があった。これは国家の財政危機と表裏一体になっていた。経世家は、捐納を廃止するためには、財政改革こそ必須であると考えた。この時期国家財政にかかわるものとして、魏源があげたものが、漕運・河工・水利などに関する改革である。これについては後述しよう。

軍職については、この時期内外の危機にともなう内乱・戦争が連続して起こり、そのためそれまでの科試中心の任用では対応できないこともあって、軍功を重視する人事が多くなった。とくに湘軍・淮軍などそれまでの軍事体系とは違う組織ができ、それに所属する軍人が地方官の任用に際しても、異例の抜擢・昇進をとげ、これがそれまでの科挙官僚の不満を増進させた。例えば曾国《そうこく》藩《はん》と同郷の劉蓉《りゅうよう》は書生から湘軍に入り、破格の昇進によって陝西巡撫になったが、これに対して中央の科挙官僚編修蔡寿祺《さいじゅき》が「賄賂を用いて官職を求めた」として弾劾▲している。しかし大勢はこの軍功による任用がそののちも増加していき、その結果として科挙の廃止にまでいたるのである。

▼**蔡寿祺の弾劾**　同治初年の中興策として内政改革案が提言されるが、とくに軍職を重視する官職任命に批判的な中央官僚の提言が多かった。蔡のこの上奏が同治政局の火つけとなった。

②—清朝の経世官僚、林則徐

経世学の研究と行政官への歩み

林則徐は一七八五年八月三十日(乾隆五十年七月二十六日)、福建省の省都福州の侯官《こうかん》に生まれた。字は少穆《しょうぼく》と称した。父は歳貢《さいこう》生(府州県学の学生で国士監に送られたもの)であり、教読講学を業とし、晩年は里中の老人とともに経世学を探求した。母は福建省閩県の歳貢生陳氏の五女であり、手工芸品を製作し家計を助けた。このように則徐の家庭は下級士大夫ではあったが、両親とも教養があり、子どもの教育には熱心であった。

則徐は七歳から学問を始め文章も作成し、一七九七(嘉慶二)年、一三歳で県試・府試に合格し、翌年、学政がおこなう院試にも合格し、生員となった。則徐は当時福州にあった康熙《こうき》帝の名臣張伯行《ちょうはくこう》創建の鰲峰《ごうほう》書院▲で学習していたが、主講陳寿祺《ちんじゅき》▲から経世学を教授され、その影響をかなり受けた。また同学梁章《りょうしょう》鉅《きょ》▲とはともに経世を論ずるなかで、終生の友となった。同年、則徐は鄭淑卿《ていしゅくけい》と婚約する。彼女の父鄭大謨《ていたいぼ》は河南省永城県の知県も務めた人物であった。

▼書院　宋代、好学の士を集めて、徳望高い人を招きその長にあたらせ、講学には府・州の教授または大儒を招いた。明代の陽明学は書院を基盤として、それがさらに先鋭化して明末の東林書院のように反政府活動を展開する者もでてくる。清朝は書院の官立化をおこない、思想統制など積極的統制策もとったが、学校が科挙の予備教育の場になっているのに対し、書院は人間形成を目的にした人材養成の面もあった。

▼陳寿祺(一七七一〜一八三四)　嘉慶・道光期の漢学者。福建省閩県の人。一七九九年の進士。翰林院庶吉士に選ばれ、編修となった。広東や河南の郷試副考官、会試同考官に任命されたが、その後は出仕せず、朱珪・阮元の門人として漢儒の学を学ぶ。銭大昕らとも会見している。のちに鰲峰書院の主講となる。

▼**梁章鉅**（一七七五〜一八四九）　嘉慶・道光期の官僚・文人。福建省長楽県の人。一八〇二年の進士。翰林院庶吉士から礼部主事をへて軍機章京になる。以後、各地の地方官を歴任、アヘン戦争直後退官、郷里に帰り著述に専念。文章・詩・書がたくみで、経世にも関心をもつ。

▼**張師誠**（?〜一八二六）　嘉慶・道光期の地方高官。浙江省帰安の人。一七九〇年の進士。庶吉士、編修を歴任。各省の知府按察使・布政使・巡撫を歴任し一八〇六年福建巡撫となる。その際、林則徐を幕友とし、海賊蔡牽の捕獲に成功する。総合的な考察に優れた有能な官僚として評価された。

林則徐の日記（嘉慶一七年十二月）

一八〇四（嘉慶九）年の秋、則徐は福州での郷試を受験、合格し挙人となる。この合格を機に、則徐は婚約中の鄭氏と結婚する。そののち福州より首都北京に上京し、吏部の会試を受けたが合格せず、帰郷した翌年の秋、厦門《アモイ》海防同知《どうち》（三頁＊4知府参照）の房永清《ぼうえいせい》のまねきを受けて書記となった。厦門は福建省の南部に位置し、貿易港として栄えていたが、その貿易を管理していたのが海防同知であった。この町は娼妓・賭博・窃盗・訴訟・アヘン密売などの風習《ならわし》が盛んで、それにともない社会が腐敗していた。このとき耳にし目にしたことが影響し、のちに則徐はアヘン厳禁の態度をとったと思われる。〇七年の春、則徐は張師誠《ちょうしせい》▲の幕友《ばくゆう》になったことにより、さまざまなしきたりや兵刑礼楽などの知識をえることができ、行政の実務を習得する基本を養った。当時師誠は浙江・福建・広東三省にわたる海上を横行していた海賊蔡牽《さいけん》の鎮圧に尽力していたが、ここからも学ぶことが多々あった。則徐は師誠の幕友を四年務めたが、この間に師誠から経世学を追求することが、行政官にとってなによりも重要であることを教えられたのである。

一八一一（嘉慶十六）年、則徐は会試を受け優等な成績で合格して貢士となる。

このときの正考官であった曹振鏞《そうしんよう》▲は、道光帝の信任厚く軍機大臣を務めた人物であり、この振鏞の門下として則徐が認められたことは、則徐が後年行政官として勤務するうえで重要な意味をもっていた。則徐は貢士になったのち殿試を受け、合格して進士となった。則徐と同期の進士合格者に程恩沢《ていおんたく》▲・程矞采《ていいつさい》・周《しゅう》天爵《てんしゃく》▲・潘錫恩《はんせきおん》らがいた。彼らはともに経世に関心を有する士大夫・官僚として、則徐との交友は終生継続した。

則徐は進士となったのち、翰林院庶吉士《かんりんいんしょきつし》(見習い)となっていたが、その三年後の卒業試験でも優秀であったので編修に任命される。その間、則徐はいったん福州に帰郷して、一八一二(嘉慶十七)年末上京の際、南京で両江総督《そうとく》百齢《ひゃくれい》▲を訪問し、ここで歓待されている。則徐は、北京にもどると一四年から六年間、翰林院編修を務めた。この間一六年には江西郷試副考官となる。一九年の会試では同考官を務め、のちに雲南郷試正考官に任命され、二度にわたって郷試の試験官を務めた。これら郷試では厳正な試験を実施したので、「公正清廉」の名声を獲得した。同年十二月、北京の宣南《せいなん》詩社《ししゃ》▲の会に参加する。

一八二〇(嘉慶二十五)年二月、正式に江南道監察御史に任命された。江南道

▼曹振鏞(一七五五〜一八三五)　安徽省歙県の人。乾隆・嘉慶・道光の三帝に仕えた。とくに道光帝の信任が厚く、政府のむだな経費を削減するなど、財政策に貢献した。

▼程恩沢(一七八五〜一八三七)　安徽省歙県の人。庶吉士に選ばれ、編修を授かる。一八二一年、南書房に入直し、四川に典試。二三年、貴州学政を監督する。二六年、湖南学政に任ぜられ、のち北京の国子監祭酒に抜擢される。その後、南書房、広東典試、上書房、内閣学士、工部・戸部侍郎と中央官職を歴任。

▼周天爵(一七七二〜一八五三)　山東省東阿の人。一八二四年より各省の知県・知府・道員・按察使・布政使をへて一八三八年には河南巡撫、湖広総督になった。知県の不正を不問に置いたため免職となり、イリに左遷される。のち許されて一八四二年署漕運総督、署南河総督となる。五二年太平天国軍、翌年捻軍と戦うが、病により軍中に没した。

とは江蘇・安徽《あんき》二省を担当しており、江南一帯の洪水の調査や、河工や水利関係の官吏を監察した。ここで則徐は、黄河の堤防が決壊したのは堤防の修復工事をおこなう資材の納入が遅れていることに要因があるのを追及した。ここから納入業者が資財価格をつり上げるために修復工事をおこなっていることを見極め、地方官が適正な価格で資材を納入して工事を進めさせるべきだと建議する。これは嘉慶帝の認可により実施されている。

同年四月に浙江省の杭州《こうしゅう》・嘉興《かこう》・湖州の三府を管轄する杭嘉湖道の道員（四頁参照）に任命される。則徐三十六歳であるが、これ以後地方官を歴任することになる。則徐は着任後、生員を対象に「観風《かんぷう》告示」して府内の人材発見に尽力する。また杭州府内の海塘《かいとう》（沿海の堤防）工事の視察・監督をしている。この年の七月、嘉慶帝が崩御し、八月に道光帝が即位する。

一八二一（道光元）年七月、則徐は父親が病気になったという手紙を受け取り、自分も病気になったという理由で官を辞し、母とともに故郷に帰った。故郷にいる間、多くの師友と詩酒の集会を開いているが、翌二二年三月北京に帰る際に、恩師陳寿祺と交わした「贈行詩」は、彼の心情を吐露したものである。寿

▼百齢（一七四八～一八一五）　遼東の人。姓は張氏。漢人八旗。一七七二年の進士。一八〇〇年以降各省の按察使・布政使・巡撫総督を歴任。一八一一年両江総督に就任。水利政策に尽力するが、このとき、包世臣からその水利策を請うている。翌年、百齢は林則徐と南京で会い、その器大なりと評価している。

▼宣南詩社　前身は一八〇四年、地方出身の士人層によって北京で結成された「消寒詩会」。林則徐がこの会に参加したのは一九年であり、このときのメンバーに同郷の梁章鉅や陶澍がいた。陶澍との長年の交友の始まりはこのときからであったと認められる。また同年、北京に来た龔自珍も会員である。梁章鉅・程恩沢らと交往するようになり、ここからのちの経世家集団の輪が広がっていった。

祺が当時の吏治に対して憎悪の心情を示したのに対し、則徐はそれに同感し、廉少なく恥なしの利禄の徒▲が横行しているので、聖哲（道徳と知識にきわめて優れた人物）が吏治を整頓することを望んだのである。同年四月に入京すると、則徐は道光帝に謁見し、浙江省の道員の官職を授かった。五月に北京を離れ、六月に杭州に到着すると、まもなく署浙江塩運使▲に命ぜられる。ここで浙江巡撫《じゅんぶ》帥承瀛《すいしょうえい》▲のもと、塩政の改革をおこなっている。ついで同年八月、江蘇省の淮安《わいあん》・揚州《ようしゅう》・海州の三府を管轄する道員である江南淮海道に任命され、翌二三年一月には江蘇按察使《あんさつし》に任命され、二月に着任した。

地方行政官と官界腐敗対策

このように一八二一（道光元）年、則徐が江南において非常に早く昇進したのは、道光帝の則徐に対する信任が厚かったからである。嘉慶帝の跡を継いだ道光帝がまず、政治の重要課題にあげていたのが吏治の刷新であった。地方官の汚職の要因となっている陋規《ろうき》の問題にメスを入れようとして、その取り組みを中央・地方の官僚に求めていた。中央にあっては、則徐の科挙の試験官であっ

▼廉少なく恥なしの利禄の徒　行いも正しくなく、恥も知らず、利益と俸禄のみを求める輩《やから》。

▼署浙江塩運使　署とは署理とも書き、長官の代理。塩運使は塩法道ともいい、塩務を管理する官で、浙江の長官。その地位は布政使・按察使と同等である。

▼帥承瀛（一七六七～一八四一）　湖北省黄梅の人。一七九六年の進士。礼・工・吏・刑各部の侍郎を歴任。一八一〇年浙江巡撫に就任。塩政のほか漕政改革にも盡力。

た曹振鏞が軍機大臣の要職にあって、清廉な官僚を推薦していた。とくに江南は、地方行政の重要地として、大幅な人事刷新を進めようとしていたのである。

署浙江塩運使と江南淮海道員兼任中に、則徐はとくに陋規の削減、士風の整頓など、官吏の不正摘発とともに士大夫の風俗を正すことに専念した。その功績が認められて、江蘇按察使に昇任した。江蘇では大雨による災害が発生し、松江《しょうこう》一帯では飢民が事件を起こすが、時の江蘇巡撫韓文綺《かんぶんき》は鎮圧を主張したのに対し、則徐は「慰撫」（いたわり愛すること）を主張し、救災策をとることを提案する。その際常熟《じょうじゅく》県の楊景仁《ようけいじん》兄弟と松江一帯の飢民を救済する方法を論じ、「官にあっては心を尽くすべきであり、民にあっては力を尽くすべきである」と述べ、ただ銭漕《せんそう》（租税）だけを願い、民の苦しみを軽視するのに反対し、民を救済する方法として、官は募金するとともに災民を指導して自救させることが必要で、行政が漕運の費用を農民に課すのは民を苦しめるだけだと説いた。農民の自救策として、区田▲をもって稲穀の生産量を増加させることをあげた。

また則徐は奉化《ほうか》知県の楊国翰《ようこくかん》の答書に、江蘇がきちんとおさまっていない証が二つあり、一つは官が疲弊していることであり、一つは民がおごっているこ

▼区田　田地を適当に区画して穀物を植える農法。区田法を提案したのは江蘇省呉県出身の潘曾沂《はんそうき》（一七九二〜一八五二）。この区田法とともに安徽省婺源の人、斉彦槐《せいげんかい》（一七七四〜一八四二）の提唱した龍尾車という西洋式水車の普及にもつとめていた。斉は魏源と詩酒唱和の仲であった。

アヘン嗜烟者

とであると述べた。ぶらぶら遊んでいて仕事をしない民が、きちんとした仕事につくのではなく、日々の生活は節操がなく、妓女を乗せた船をもち、烟館（アヘン吸飲所）を開設し、胥吏と結託して地方をわがものとしていると述べ、江蘇省の社会の弊害の病根として、アヘンの害毒をあげている。

　このころアヘンの密輸が急増し、それが江南の諸都市にまでおよんできた。それが銀の流出をまねき、それまで銀一両に対して銅銭一〇〇〇文だった比価が三〇〇〇文にもはね上がり、これが銅銭で税を納める生産者農民の生活を圧迫する現象が進行していくが、これを危機と認識したのは、先述の経世思想家包世臣《ほうせいしん》（一二〇頁参照）であった。包世臣は後日、則徐がアヘン厳禁策を実施する際に、その意見を求めた人物である。当初から則徐も、アヘンが民の風俗を害するものとして、その取締りの強化を進言していたのである。

　一八二三（道光三）年一月、則徐は江蘇按察使に任命されたのち、同年十二月、署江蘇布政使の任に就く。布政使は一省の財政を担当する要職である。当時江蘇はまさに大災害のあとだったので、業戸（地主）に寄付させ、貧民が騒動を起こすことを禁止し、富裕な者に在庫の米を売るよう告示を出す。水害については両江総督孫玉庭《そんぎょくてい》▲に、江浙両省の水利の修復を進言する。玉庭は則徐を「器識遠大、処事精証（人物と見識が遠大で事の処理に関しても詳しく明らかである）」と評価し、浙江巡撫師承瀛とともに江浙の水利をまかせることを上奏する。

翌一八二四（道光四）年七月、則徐のよき理解者であった張師誠が江蘇巡撫に就任するが、則徐の母が逝去したので、在任守《ざいにんしゅ》制▲により故郷に帰る。同年十一月、運河が高家堰《こうかえん》で決壊し、淮河《わいが》の水位が下降し、漕運に極大な被害を与えた。清朝はこれに対処すべく、大学士汪廷珍《おうていちん》らを派遣して調査し、漕運・河工に関係する官員の刷新をはかった。両江総督孫玉庭《そんぎょくてい》を罷免して、かわりに魏元煜《ぎげんいく》▲に任じ、漕運総督には倉場侍郎顔検を抜擢し、河工・漕運に関する諸務は孫玉庭にも大学士として協同計画させるというものである。二五年、三年の服喪中の則徐は特命によって黄河の堤防修復工事を監督していたが、両江総督魏元煜から海運実施についての意見を求められ、それに賛成する。

海運とは江南の物資を従来の運河ではなく、海上から輸送するというものである。則徐が賛成したこともあり、同二四年四月に協弁大学士・戸部尚書の英《えい》和《わ》▲が海運を皇帝に上奏し、これを関係諸省に打診したのである。この海運実施

▼**孫玉庭**（?～一八三四）　清中期の漢人官僚。山東省済寧の人。一七七五年の進士。各地の地方官を務めたのち、両江総督に抜擢された。

▼**在任守制**　丁憂守制ともいう。祖父母・父母の喪にあたり、官職にある者は任を解き喪に服すること。約二十七カ月を満期とする。

▼**魏元煜**（?～一八二五）　直隷昌黎の人。一七九三年の進士。一八二〇年、江蘇巡撫に抜擢され、続いて二二年、漕運総督を授けられ、漕運行政に尽力。その後両江総督となり、運河治水にも取り組み、漕運は運河によることを提言していたが、林則徐の意向を受けて二五年海運論へ転じた。

▼**英和**（一七七一～一八三九）　嘉慶・道光期の中央高官。満洲正白旗人。一七九三年の進士。庶吉士から編修を授けられ、以降中央行政の高官を歴任し、一八一三年、工部尚書となる。道光帝即位とともに、軍機大臣、戸部尚書、協弁大学士となる。二五年には海運論を提唱。英和は政体に通達し、才能のある士を好んだ。

案は、魏元煜の後任となった琦善《きぜん》▲も、江蘇巡撫となった陶澍《とうじゅ》(七七頁参照)も賛成し、二六年、一時実施される。この二六年の成功を受けて翌二七年、琦善の後任となった蔣攸銛《しょうゆうせん》▲も海運の続行を提議するが、これは大運河が修復されたという理由で中止され、ふたたび河運にもどるのである。

これら海運策を強く提言していたのは、包世臣・魏源《ぎげん》らであり、彼らはこのころより陶澍・林則徐の幕友にもなっていた。包世臣・魏源らは江南の行政の重要課題である漕運・河工・水利・塩政について提言した。その提言を受けて陶澍・林則徐は江南の行政改革を実施したのである。

則徐は一八二六(道光六)年四月に署両淮塩政(淮北と淮南の両淮の塩政を統括していた官)を命ぜられたが、病気を理由に辞し、塩政改革に取り組んでいない。同年十一月に喪が明けて官職にもどり、翌年五月には陝西按察使、署陝西布政使、そして同月江寧布政使に任命されるが、ここで父が病になり逝去したので、則徐は官を辞して故郷にもどり喪に服した。

一八三〇(道光十)年四月、喪が明けて北京へもどった則徐は、進士合格者三十四人と北京宣武坊南の龍樹院《りゅうじゅいん》で詩会を挙行する。この詩会は先述した「宣南

▼**琦善**(?～一八五四)　満洲正黄旗人。一八一四年に河南、山東巡撫に、二五年に両江総督・署漕運総督となる。その後四川や直隷の総督に任ぜられた。アヘン戦争の際、林則徐免職後の欽差大臣となるが、川鼻仮条約を結んだとの理由で罷免。太平天国の乱の際にふたたび欽差大臣となり、軍営に没した。

▼**蔣攸銛**(一七六六～一八三〇)　漢軍鑲紅旗人。一七八四年の進士。各地の地方官をへて、江蘇巡撫となり、その後江南河道、両広、四川、直隷総督をへて二七年に両江総督となる。

▼**潘曾瑩**(一八〇八～一八七八)　江蘇省呉県の人。父は世恩、兄は曾沂弟は曾綬。道光一八四一年の進士。吏部左侍郎。史学に長じ、書画もたくみであった。潘氏三兄弟はいずれも魏源の詩友であった。

▼**黄爵滋**(一七九三～一八五三)　江西省宜黄県の人。一八二三年の進士。三五年鴻臚寺卿に登用、三八年アヘン問題で許乃済の弛禁論に対して厳禁策を提唱。盟友林則徐を欽差大臣として広東派遣を実現させた。

詩社」であった。次に六月には周作楫《しゅうさくしゅう》・潘曾瑩《はんそうえい》▲・黄爵滋《こうしゃくじ》▲・澎蘊章《ぼううんしょう》・張維屏《ちょういへい》▲らと集会している。張維屏の詩集には七月二十一日(六月二日)の集会で魏源・龔《きょう》自珍《じちん》▲の名もあり、さらに八月一日(六月十三日)の集会では、黄爵滋・林則徐の名もあるところから、これらの詩会活動が相互関係を深める拠点となったのは確かである。したがって、ここでの会合が詩の交換だけでなく、行政の腐敗を憂えて改革を話し合う場になっていたということはありえるが、それがただちに維新を志す人々の結社となっていたというのはいい過ぎであろう。

農業政策と水利政策

一八三〇(道光十)年六月、則徐は湖北布政使に任命され、十一月には河南布政使、翌年七月には江寧布政使、十月には河東河道・総督に任命されるという異例の昇進をする。一方、陶澍は同年、両江総督に昇任し、江南行政の最高責任者となる。則徐は陶澍の配下の江寧布政使に就任し、その後、河東河道の最高責任者である河道総督▲となり、さらに三二年、江蘇巡撫に就任する。ここから陶澍・林則徐のコンビによる江南の行政改革が実施されていく。ここでまず

▼**張維屏**(一七八〇〜一八五九) 広東省番禺の人。一八二二年の進士。黄梅、広済の知県を歴任し、のち郡丞に改められ南康を権するが、一年もせず罷めて帰る。四七年、魏源が嶺南に遊んだ際、張と歓談した。張は詩にたくみで、翁方綱から「粤東三子」と称せられた。また書法にも精しかった。

▼**龔自珍**(一七九二〜一八四一) 浙江省仁和の人。一八二九年の進士。外祖父で考証学者の大家段玉裁に早くから文献学を学んだが、それを経世に資するために活用したこと、公羊学を劉逢禄から学んだことにより、変革の思想を研究する拠り所とした。同時期の章学誠の「六経皆史」説とともに経を史としてとらえる学問のあり方を提示した。また経世論として「平均篇」「農宗」「明良論」は著名。また西北地理にも関心を有し、「西域置行省議」を著す。

▼**河道総督** 江南に一人、河南・山東に一人をおく。このうち河南・山東両省を担当するものを河東総督という。黄河・運河の泥さらいや堤防の強化、修復などの工事を監督する。

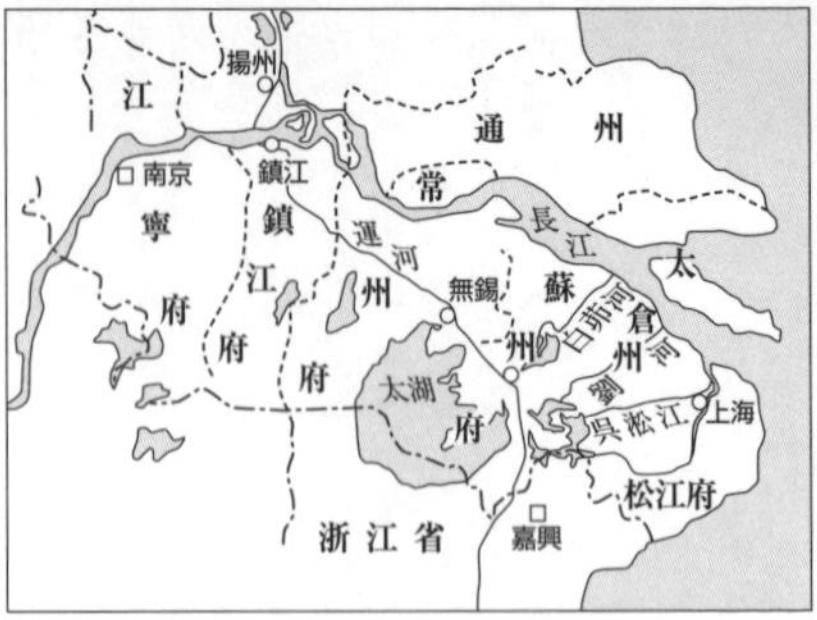

劉河・白茆河・呉淞江の位置

取り組んだのは、江南の農業生産にかかわる農民の救災問題である。則徐はすでに江寧布政使の際に、陶澍に救災問題を解決するための十二則を建議している。さらに江蘇巡撫に就任したあとには、一連の救災策として、災害により逃亡した農民を回籍させ、農業生産に従事させることをあげ、災民を救済するために粥廠《いくしょう》（粥《かゆ》支給所）を設立した。また農業技術の改良や新農具の製造などもした。それとともに銀価の安定をはかる手段として、洋銀にかわる中国発行の本位貨幣としての銀を定めるという構想を練っていた。

農民の救済の根底には水利と漕運の問題があった。前述の救災策を実のあるものとするには、水害を起こす河川の工事が緊急の課題となり、その策としてまず実施したのが劉河《りゅうか》（婁《る》江）・白茆河《はくぼうか》の水利事業である。これらの河川は太湖より分かれて流れ出て入海する流路であったが、この時期、泥による閉塞が進行して、呉中デルタ地帯は水害の危機に直面していた。なかでも呉中デルタ諸所の水を合わせて流れる呉淞江《ごしょうこう》が、下流では黄浦江《こうほこう》に水流を奪われて機能しなくなっていた現状にもとづき、呉中の水路を整理することも視野に入れた対策を考案したのである。また則徐は黄浦江の河口の町上海の重要性を考え、黄浦江に注ぐ排水路としての支河の水利政策をおこなっているが、上海がその後、国際貿易都市として発展する礎になる重要な事業であった。

　ついで漕運《そううん》▲行政において、その漕費の負担者となる農民の税の均等化を考案していた。また漕運を監督する官の不正の摘発、それと漕運を担う旗丁《きてい》・水手・書吏らの取締りの強化も実施した。当時水手たちのなかには「羅教《らきょう》」という白蓮《びゃくれん》教系の秘密結社に所属していて不正を働く者もいたため、正規の水手を見分け、公正な漕運がおこなわれるか監督する必要があった。

　則徐はこの三河および支河の水利整備の際に、官の監督権を強化して、大局的な見地から計画を立てた。そしてその事業資金は関係府州県の地主・商人の捐納《えんのう》によりまかなわれ、この事業の運営はこの地主・商人のなかから選任された董事に委任しておこなった。いわゆる官が監督し民が事業をおこなう方式によっていたのである。このように富民が寄付して貧窮な佃戸（小作農）や外来の游民を土夫として雇用することは社会救済の意味もあった。「以工代賑（仕事を与えて救済にかえる）」という言葉に表現されているように、水利事業も賑恤《しんじゅつ》（救済）として把握され、そのほかの農民救済策として実施された租税の免除、減

▼漕運　清代では州県官が糧戸（納税戸）から徴収した漕糧（米穀）を運軍（漕運をおこなう軍の部隊）に引き渡し、運軍は漕船を使って輸送した。この運軍を旗丁ともいった。漕船にはこぎ手として水手も乗り込んでいた。漕船が到着する最終地点にある通倉や京倉には漕糧の収納を担当する倉官や倉吏（書吏）がいた。

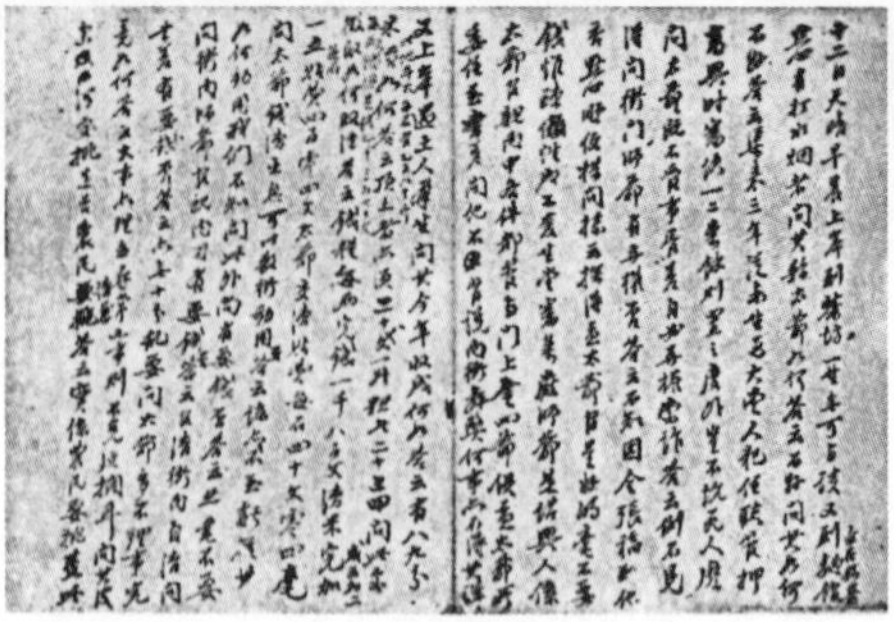

林則徐の日記(道光一六年十月十二日)

▼**頃**　古代中国の面積の単位。百畝をいう。一畝は百歩であり、一歩は六尺四寸の広さで約一・八二平米。

税、税の公平化などとともに、民生の安定のために則徐のはたした役割は大なるものがあった。

その一方で、則徐は北京周辺の水利にも関心をもち、一八三六(道光十六)年、「畿輔《きほ》水利議」を進言する。それによると、直隷の土性は稲に適しており、水さえあれば田とすることができるため、食糧は自給できる。江南から漕運される四〇〇万の米がなくても華北に二万頃《けい》▲の水田があれば、これによって漕運の積もり積もった弊害が一掃できるというのである。則徐が江南の農民が漕糧の負担によって苦しんでいたことを考慮して、その打開策として華北でも水利灌漑をおこない米の増産をするという、まさに全国的視野に立った見解を述べている点に留意したい。

一八三七(道光十七)年、則徐は湖広総督に任命されるが、ここでも彼は江蘇でおこなった一連の農民救済と水利政策を実施する。

このように則徐は江南・湖広といった重要な地方の長官として、国計・民生の安定という見地から水利に関する事業を推進した。湖北では漢陽から襄陽《じょうよう》にいたる漢水の堤防工事を視察し、監督した。それとともに塩政・漕運などの課題にも関心をもち、江蘇巡撫の時には陶澍の塩政改革案である淮北での票塩法を推行し、また湖広総督の時にも湖広の私塩対策▲に努めている。しかしこれら内政改革以上に則徐に課せられた重要な課題はアヘン対策であった。

アヘン密輸対策とイギリスとの貿易断絶

一八三八(道光十八)年四月、黄爵滋が「アヘンを厳禁し漏卮《ろうし》(利権が外に流れ出ること)を塞《ふさ》ぎ国本を培《つちか》う」という上奏をする。そのなかで二三年以前は数百万両だった広東の銀の流出量が、三一年には一〇七八万両、三四年には二千余万両、今は三〇〇〇万両にもなっていると指摘した。ここから福建・浙江・山東・天津の各海口を厳しくふさいで通商を禁止し、販売者を取り調べて捕縛し、烟館(アヘン吸飲所)を厳治すること、そしてなによりも禁煙の違反者は一年間の猶予期間をおいたのち、死刑にするという厳禁策を提案した。厳禁策に反対する意見として、三六年、許乃済《きょだいさい》(浙江省仁和の人)によって弛禁論が上奏される。許は両広総督阮元《げんげん》▲や学海堂の学長を務めた呉蘭修《ごらんしゅう》▲の意見を要約して、アヘンの吸飲は民間人にかぎって許すこととした。

▼**私塩対策**　私塩を販売している貧窮の民に各処に官塩販売をする許可証「票」を給した。

▼**阮元**(一七六四〜一八四九)　江蘇省儀徴(揚州)の人。一七八九年の進士。両広・雲貴総督を歴任。一八二四年両広総督のさい、広州に学海堂を完成。その一方学術面でも貢献。乾隆・嘉慶期における考証学の集大成をした。

▼**呉蘭修**(一七八九〜一八三七)　広東省嘉応州の人。一八〇九年挙人。一九年には粤秀書院の監院、二一年には信宜県学の訓導、二六年には学海堂の学長を歴任。呉と魏源は宣南詩社の社友であったが、源が広州を訪れた際に会い経世を論じている。

道光帝は各省の督撫《とくぶ》・将軍などに黄爵滋の意見に対する賛否を求め、その上奏の所見を大学士・軍機大臣などに審議させたが、当時、湖広総督の任にあった林則徐はアヘン対策についての中央からの書信を受け、黄の厳禁策に賛同している。彼は朝廷への返信のなかで、今日銀価が高くなっている理由は、アヘンの密売によるものであり、アヘンの害はこの銀価の高騰だけでなく、風俗にも害をもたらしていると指摘するとともに、アヘン吸飲者を厳重に処罰することを提案している。この則徐の提案は道光帝の賛同するところとなった。なお則徐の厳禁策の一つに、官僚の吸飲に関して、その上司の監督不行き届きをあげており、黄同様、官僚層をおもな処罰の対象としていた。ところでこの厳禁論の背景にはアヘンを吸飲する官僚層に対する不信感があった点に留意したい。道光帝は最終的に則徐の述べた厳禁策を採用し、一八三八(道光十八)年十一月、彼を欽差《きんさ》大臣に任命し、広東に派遣した。その際に則徐は魏源の同志である龔自珍と会い、厳禁策について意見を聴取している。

翌一八三九(道光十九)年正月、広州に到着した則徐は、両広総督▲鄧廷楨《とうていてい》・広東巡撫怡良《いりょう》・▲水師提督▲関天培《かんてんばい》・粤海関監督豫堃《よこん》らと会い、厳禁策について協議

▼**鄧廷楨**(一七七五〜一八四六)　江蘇省江寧の人。一八〇一年の進士。陝西延安府知府、湖北按察使をへて、二一年には江西布政使、二六年に安徽巡撫、三五年に両広総督となる。ここでアヘン対策に取り組み、林則徐と同心協力する。その後閩浙総督に転任し、英船と戦う。しかし粤での弁理がよくないとの理由で免職され、則徐とともにイリに左遷されるが、のちゆるされて陝西巡撫・署陝甘総督になり、そこで卒した。

▼**水師提督**　清は外海、内河、長江に水師営を設け、おのおの提督一人をおく。その下に総兵、副将、参将をおく。

した。その際、まず条例を発布し、アヘン吸飲だけでなく、販売・製造した者にいたるまで死刑とした。それとともに海外貿易を担っている広東十三公行《こうこう》の行商人にまずアヘン密貿易の実情について報告させている。則徐はこの行商が長年外商と結託し、政府をだまして種々の不法行為をしているものと判断した。その取引は海上に停泊する躉船《とんせん》▲上でおこなわれているとし、この船中に貯蔵している大量のアヘンを押さえようとした。イギリスの貿易監督官エリオットは、軍艦を広州港外に配置しており、その軍事力のもとに要請になかなか応じようとしなかったが、則徐の強い態度に屈して同年四月アヘンを提出した。則徐がただちにこれを集めて虎門にて銷燬《しょうき》▲するとエリオットはその賠償を要求しただけでなく、アヘン貿易を禁絶する誓約書も拒否した。

則徐は、イギリスが軍事力を用いて自らの要求をとおすものと察し、広州近郊の防備をおこない、この間イギリスとつうずる漢奸(敵につうじている裏切者の中国人)を鎮圧し、不良の民を感化して政府に協力させる策を講じた。また外国の事情を探求するために、当時発行されていた外国に関する書籍・雑誌・新聞などにいたるまで蒐集し研究した。その際、広東にいたアメリカ人宣

▼関天培(一七八一〜一八四一)　江蘇省山陽の人。兵士から太湖営水師副将となる。その後、蘇松鎮総兵、署江南提督、広東水師提督に累遷する。アヘン戦争では林則徐のもとで、さらに琦善のもとで防禦に努めたが、虎門において戦死した。

▼躉船　貨物を積み置く倉庫として用いられる大型の汽船。

▼銷燬　銷は溶かすことで、燬は焼くこと。従来はアヘンを焼いていたが、ここではアヘンに石灰を混ぜ、海水に含まれている塩分の力を利用して処理した。

教師ブリッジマンから西洋諸国の地理などに関する書籍を紹介され、またアメリカ人医師パーカー▲に依頼して世界地図の提供を受けている。さらにイギリスの地理学者ヒュー・マレーの『世界地理全書』の一部を『四洲志』として中国語訳させている。そのため則徐のもとには、袁徳輝《えんとくき》をはじめ数人の英語につうじた中国人がいた。則徐が翻訳させたもののなかにはオランダの法律学者ヴァッテルの『国際法』の一部を訳した『各国律例《りつれい》』もあり、国際法に関する知識はここからえたものと思われる。

一八三九(道光十九)年五月、イギリス船の乗組員が林維喜《りんいき》という村民を酔っ払って殴り殺した林維喜事件が起こる。則徐は殺人犯の引きわたしを要求したが、エリオットはそれを拒絶したばかりか、これを利用して治外法権の先例をつくろうとしたのである。欧米で普及していた万国公法によれば、治外法権で犯人を裁くことはできないが、「大清律例」では、外国人が清で犯罪をおかしたときに、清の刑法によって裁くことができることになっている。清朝側はこれを適用しようとしたが、エリオットは応じなかった。エリオットはこれに対する抗議行動として広州商館▲を離れて澳門《マカオ》に一時移ることになるが、そこから

▼ピータ・パーカー(一八〇四〜八八、中国名は伯駕)アメリカの宣教師、眼科医、外交官。エール大学で哲学・薬学の学位を修める。一八三四年に外国宣教師の委員として中国に派遣され、三五年広州に到着、澳門に移り病院に勤務、中国名を伯駕と称した。三九年広東に派遣されていた林則徐と面会。その後ヴァッテル著『国際法』の一部を翻訳『各国律例』(八八頁参照)として公刊した。なお則徐はパーカーから持病の内臓疾患の治療も受けている。

▼広州商館　一七五九年に制定された「防範外夷規条」に基づき、広州府城外珠江沿いに夷館地域(ファクトリー)が設けられた。ここだけが外国人の居留を認められた。夷館を商館ともいう。

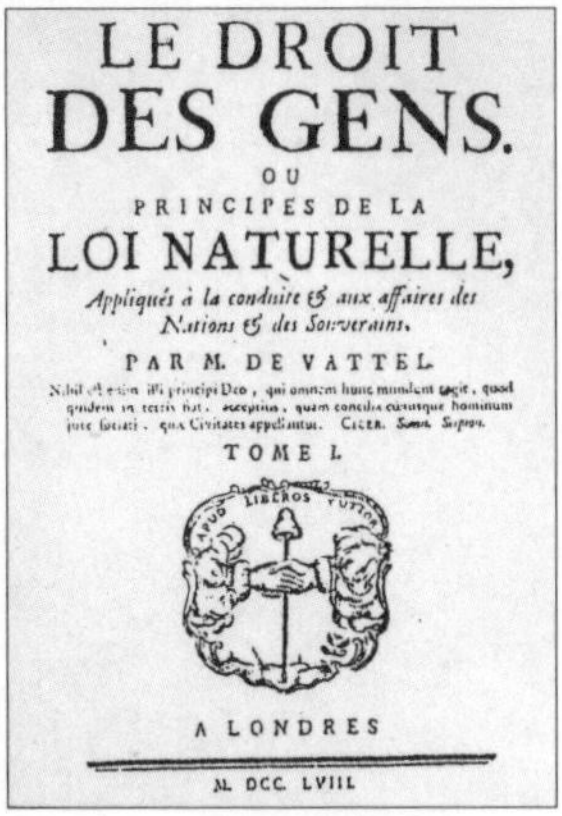

LE DROIT
DES GENS.
OU
PRINCIPES DE LA
LOI NATURELLE,
Appliqués à la conduite & aux affaires des Nations & des Souverains.
PAR M. DE VATTEL.
Nihil est enim illi principi Deo, qui omnem hunc mundum regit, quod quidem in terris fiat, acceptius, quam concilia coetusque hominum jure sociati, quæ Civitates appellantur. CICER. Somn. Scipion.
TOME I.
A LONDRES
M. DCC. LVIII.

●ヴァッテル(左)と『国際法』(右)

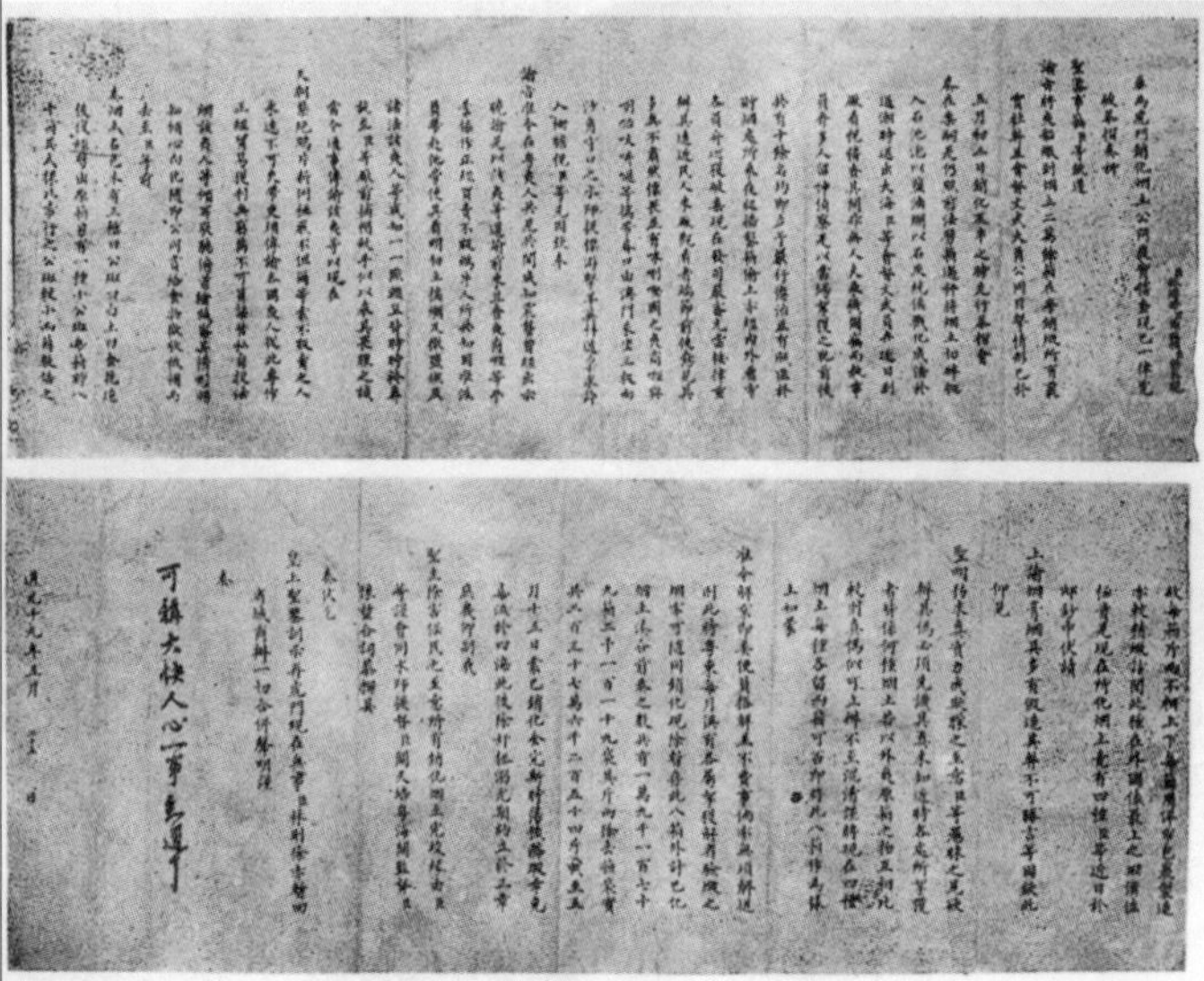

●林則徐がアヘンについて皇帝に提出した上奏文(一八三九年)

●一八三九年の広州　一八三九年の三〜五月、広州にある外国人の商館が林によって封鎖された。

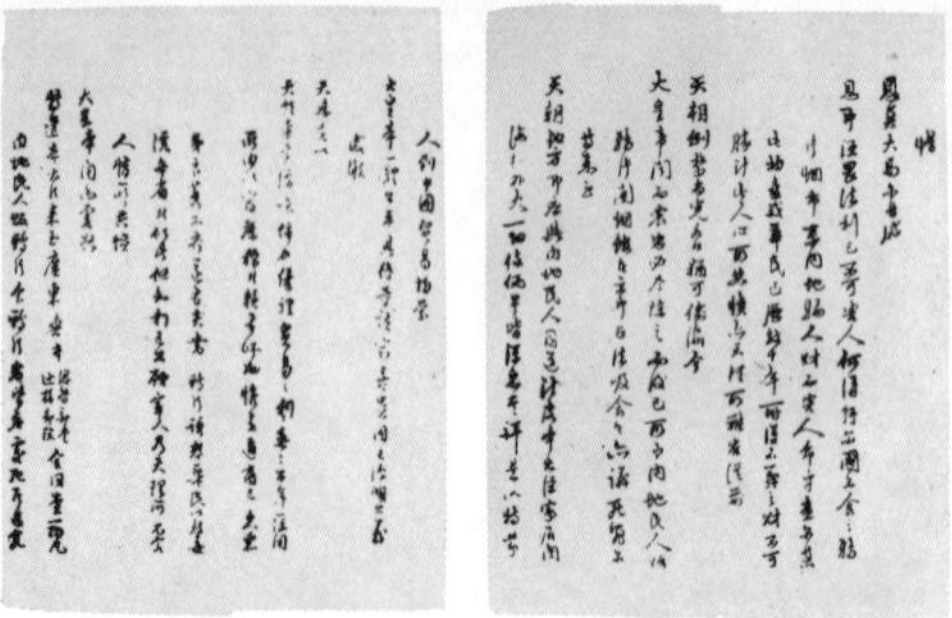

▼アヘン禁止の命令書（一八三九年）林則徐が広州の各国商人に対して、期限を決めてアヘンを呈出し、今後はアヘン販売は禁止するという皇帝の命令書を提示したもの。これは商館に貼り付けられた。

の退去も命ぜられ、以後香港島周辺で洋上生活を送る。それとともにイギリスと清朝の小競り合いが穿鼻《せんび》海などで頻発する。エリオットはイギリス政府にこれらのことを報告し、もはや清朝との関係が決裂したとし、砲艦政策を要請する。

一方清朝側では、禁煙のためには「抜本塞源《ばっぽんそくげん》」（包世臣の意見）として通商をも断絶するという策と、イギリスの志は通商にあるから、これを認めてイギリスを牽制するための手段にするという策とがあったが、則徐の見解はどちらかといえば後者であった。一八三九（道光十九）年七月、エリオットが艦船を率いて九竜に向かって進攻した後も、則徐は自重して厦門で貿易問題を商議することを請求している。しかしエリオットが船を向かわせた穿鼻で水師提督関天培との交戦となり、ついに同年十二月、則徐はイギリスとの貿易を停止するにいたった。

この間通商を求める他国との関係を維持するため、とくにアメリカ商人が広州商館に継続して留まることを認めたため、アメリカ商人はイギリス商人の地位にとってかわる勢いをみせている。これは則徐の外交政策としての「夷を以て夷を制す」を実行したものである。すなわち通商を求める各国商人の利害衝突を利用して、中国の安全をはかる政策である。それとともにイギリス軍の進攻に備え、「民心用うべし」を実行した。これは陸上では郷勇を組織し、水上では水勇を招募したが、そのなかに蛋民《たんみん》(広東の水上生活者)・漁民も含まれており、官兵に頼らず郷里をそこに住む住民の自衛にまかせるという政策であった。

▼**民心用うべし**　外国人の進出や軍事行動に対し、民の抵抗する心情を活用すること。

林則徐の罷免と南京条約締結

ところで道光帝は則徐がイギリスとの貿易を禁止した直後、則徐の欽差大臣の任を解いて両広総督に、そして鄧廷楨を両江総督に転任させている。これは則徐の「外禁」断行に対する道光帝の不信がもたらしたものといわれている。

一方イギリスでは、一八四〇(道光二十)年四月、政府提出の中国派遣の遠征軍が上下両院で承認され、五月には早くも広東海域に到着した。広州の陸上での清朝側の抵抗が盛んなのを察知して、広州攻略の作戦をかえ、広東海口を封鎖するとともに、強大な艦隊を北に向けて移動させた。同年六月、北上のイギリス船は浙江省沿海の島、定海を攻略、七月にはさらに北上して渤海湾から白河口上に到着した。これに道光帝の心理は打撃を受け、妥協派の直隷総督琦善《きぜん》を登用して和議を進めたのである。この和議を道光帝は「勦《そう》を改めて撫《ぶ》を為す▲」の政策と位置づけ、あくまでも清朝の体面を守ろうとした。

同年八月、琦善は欽差大臣に任命され広東に派遣される。この和議の条件に、イギリス外相パーマストン▲は、アヘンの賠償、イギリス駐華官員との対等の礼、それに海島の割譲要求などをあげた。それとともに今日の事態をまねいた則徐の罷免まで求めている。イギリスは和議を促進するために、艦隊を山海関まで北上させていたので、清朝はこの戦争の責任者として両広総督林則徐、閩浙総督鄧廷楨をともに罷免した。その理由はイギリス船が沿海に出動するようになったのは、則徐の対処のあり方がよくなかったからであるとした。

新欽差大臣琦善は買弁《ばいべん》▲鮑鵬《ほうほう》▲の意向を真に受け、則徐が準備した防衛基地を撤去した。これはじつはエリオットの策略であり、鮑鵬はイギリス側につうじていたのである。エリオットは広東の防衛力を弱化させたのち、あらためてアヘンの賠償、海島の割譲などを要求した。さすがにこの要求に琦善が応じかねるのをみて、エリオットはイギリス艦を沙角・大角砲台に向けて進行し陥落させ、

▼勦を改めて撫を為す　戦いをやめてなぐさめること、すなわち恩恵を与えること。道光帝は外夷を撫馭する(なだめつつ統率する)と上諭した。

▼パーマストン(一七八四〜一八六五)　イギリスの政治家。ホイッグ党のグレー内閣、ついでメルバーン内閣の外相を務める。アヘン戦争においては、イギリス商品市場の拡張のため、対清強硬政策を推進した。

▼買弁　外国の特定商社に専属して、売買取引を請け負った中国商人であり、アヘン戦争以前から広東の特許貿易商であった十三公行の付属機関として存在していた。中国の買弁を欧米ではコンプラドールというが、アヘン戦争以後には、イギリス商社の進出にともない、買弁が公行と通事(通訳)をかねたものとなって外商の業務の下請けとなり、その勢力を確立した。

▼鮑鵬(生没不明)　広州府香山の人。幼いころより英語を習い、デント商会に雇われた。エリオットは鮑鵬を奴僕のごとく見ていた。林則徐は鮑鵬のような人物を漢奸と称して警戒

さらに虎門《こもん》に向かった。同年十二月、琦善はエリオットの要求に屈し、香港割譲、アヘンの代金賠償、公文書の対等の往来、広州貿易の再開に同意する。これは川鼻《せんび》仮条約というものであるが、香港島の割譲に朝廷が応じないことを知っていた琦善はなかなか調印しなかった。ところが和議が進行しないことを理由にエリオットは再度武力を用い、香港島を占領した。

このことを知った道光帝は一八四一（道光二十一）年正月、イギリスに対する宣戦布告をするとともに、この間の責任者琦善を罷免した。戦争再開とともに奕山《えきざん》▲を靖逆《せいぎゃく》将軍に、隆文《りゅうぶん》と楊芳《ようほう》▲を参賛《さんさん》大臣に任命し広東に派遣した。同年二月、イギリスは虎門砲台を攻略したが、この戦いで関天培は戦死した。この戦いの際に広州近郊の三元里の義民一万余人が平英団を組織してイギリス軍の進攻をはばんだのである。

この時期、浙東方面でのイギリス艦隊の沿岸の攻略はやまず、清朝は欽差大臣として派遣した伊里布《イリフ》を罷免し、裕謙《ゆうけん》▲を任用した。則徐は一八四一年四月、鎮海《ちんかい》で裕謙と会談し、その海防の重要性を説き、同意をえている。このときから道光帝はふたたび則徐を起用する心意があったものと思われる。ところが五

していた。琦善は広く英語につうずるものを探していたので、京に逃げていた鮑を琦善が通事に採用した。

▼奕山（?～一八七八）　宗室。一八二七（道光七）年以降、カシュガル・イリの官を歴任し、三八年イリ将軍、四一年靖逆将軍を命ぜられ、広東に赴任。イギリス軍を防戦できなかった罪で免職、のち復職。黒竜江将軍に任命され、ロシアとの間に協会協定をおこなう。

▼楊芳（一七七〇～一八四九）　貴州松桃の人。一八二一（道光初）年、直隷提督。二六年より回疆平定に尽力する。アヘン戦争に際しては、奕山に従い、戦った。

▼裕謙（一七九三～一八四一）　清末の官僚。蒙古鑲黄旗人。一八一七年の進士。地方官を歴任し、三九年江蘇布政使となり、ついで江蘇巡撫に昇任。翌年アヘン戦争が勃発し、定海がイギリス軍に占領されると、両江総督も兼任。伊里布の後任の欽差大臣となる。同年の浙江防衛に際し、鎮海で敗退し自殺。

月、イギリス軍はいっきょに紛争を解決しようとして大挙広東に進攻し、ここに靖逆将軍奕山は休戦条約を定める。ところがイギリス側はポティンジャー▲を全権大使として派遣し、八月には厦門をおとしいれ、さらに定海（舟山《しゅうざん》島）、ついで鎮海・寧波《ニンポー》を攻略し、ここで裕謙が死亡している。イギリス軍は翌四二年四月に乍浦《さほ》、さらに長江をのぼり、五月に宝山・上海、六月に鎮江を攻略し、七月江寧に迫った。八月、耆英《きえい》▲らを全権大臣として、ポティンジャーらと南京条約を結ぶのである。

　この条約の内容を列挙すれば、①広東・厦門・福州・寧波・上海の開港　②香港島の永久の譲与　③没収したアヘンの価格六〇〇万ドル、戦費一二〇〇万ドル、行商の負債三〇〇万ドルの賠償金の支払い　④輸出入品に対する公正な関税　⑤公行商人の独占廃止　⑥上記五港に領事をおく、などであり翌年の虎《こ》門寨《もんさい》条約では、領事裁判権の規定、関税税率などが定められた。さらにアメリカ合衆国との間に望厦《ぼうか》条約、フランスとの間に黄埔《こうほ》条約、そのほかの欧米諸国との間にも次々と通商条約を締結し、ここに中国の門戸はいっさいの資本主義国家に対して開放された。

▼**ヘンリー・ポティンジャー**（一七八九〜一八五六）　イギリスの陸軍軍人、植民地行政官。一八四一年、エリオットにかわって駐清全権使節、主席貿易監督官に就任すると、軍事力で清朝を屈服させる方針をとり、翌年七月より中国の沿岸各地を攻略、八月に南京に迫り、ついに清朝と南京条約を締結。四三年六月より初代香港総督となった。

▼**耆英**（一七八七〜一八五八）　満州正藍旗人《せいらんきじん》。廕生《いんせい》にて宗人府の額外主事に任ぜられ、以後中央官職を歴任。一八三四年に戸部尚書になる。アヘン戦争に際し、四二年広州将軍に任ぜられる。ついで署杭州将軍・欽差大臣も授けられたが、穆彰阿《ぼくしょうあ》の支持のもとに、イギリスとの和平交渉を担当し、同年南京条約を締結。その後、第二次アヘン戦争締結の天津条約にも起用されたが、そこでの対応の責任が問われ、自殺を命じられた。

●—アヘン戦争時のイギリス軍の進路(左)と鎮江に進撃するイギリス軍(下)

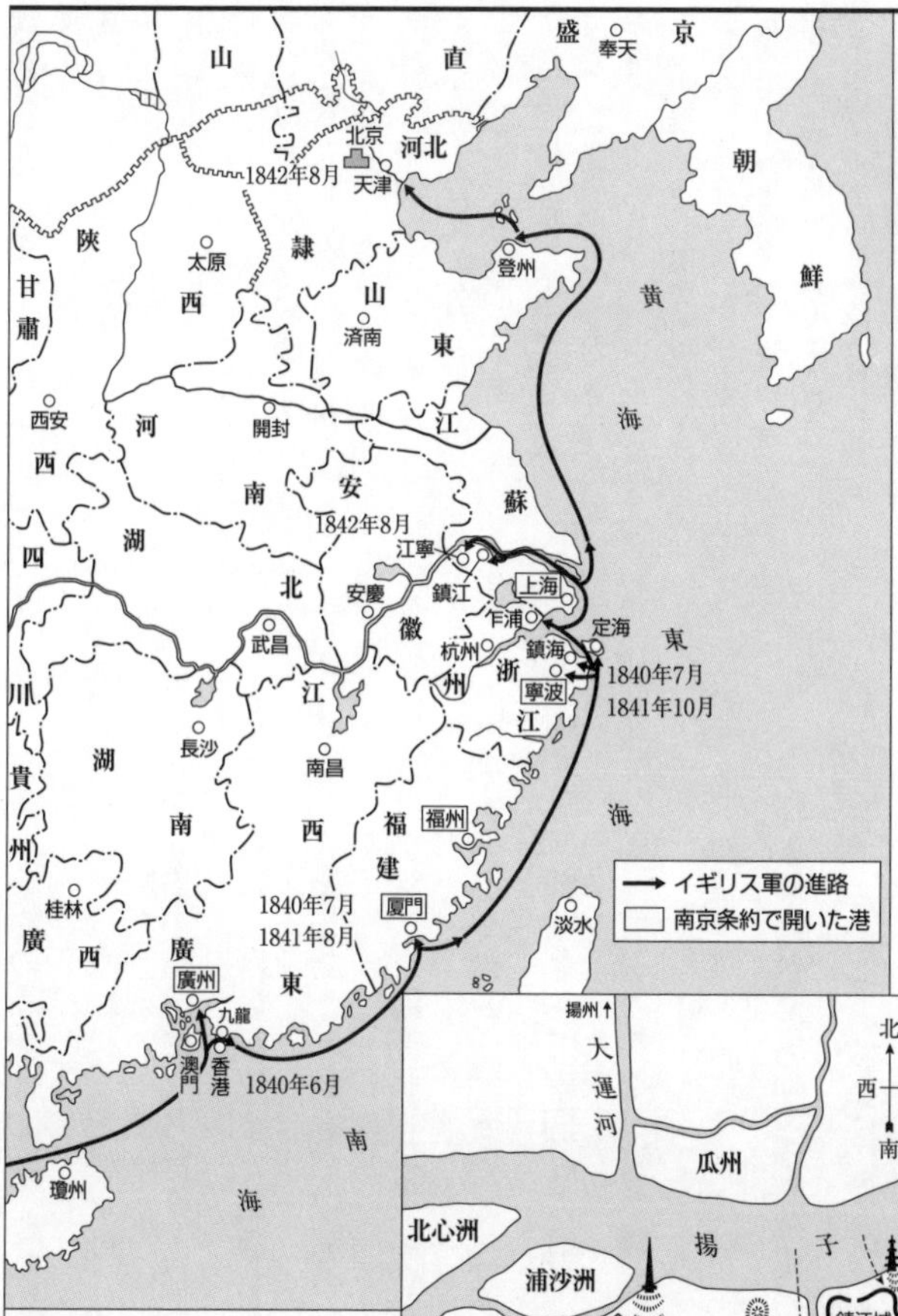

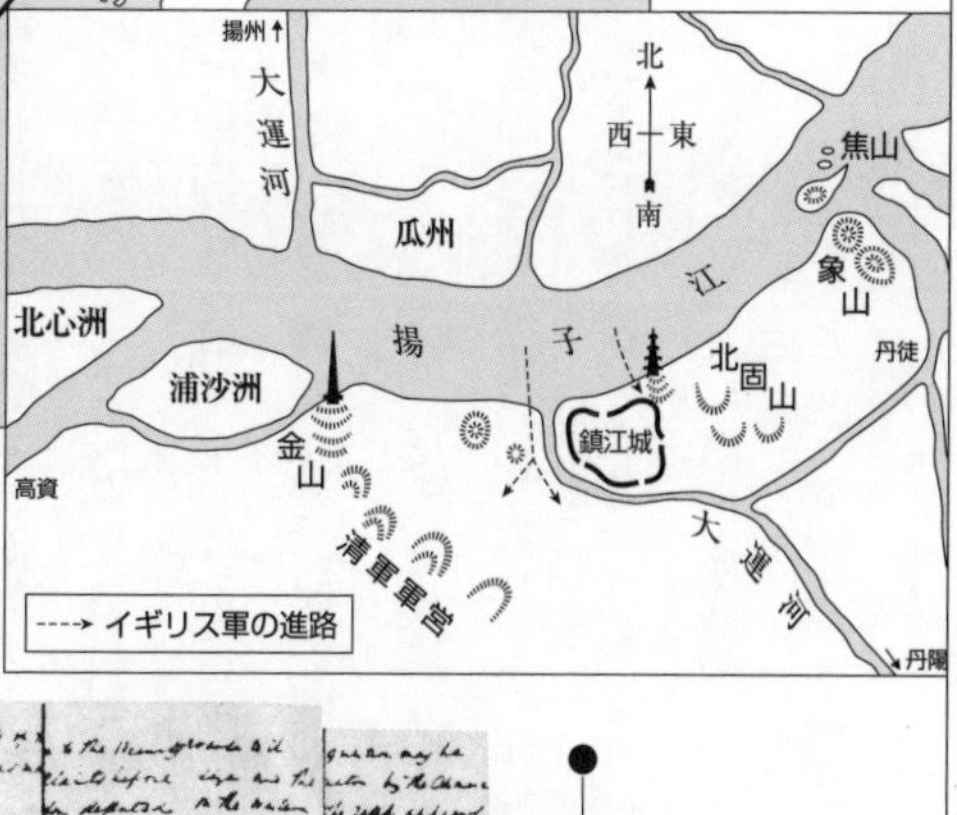

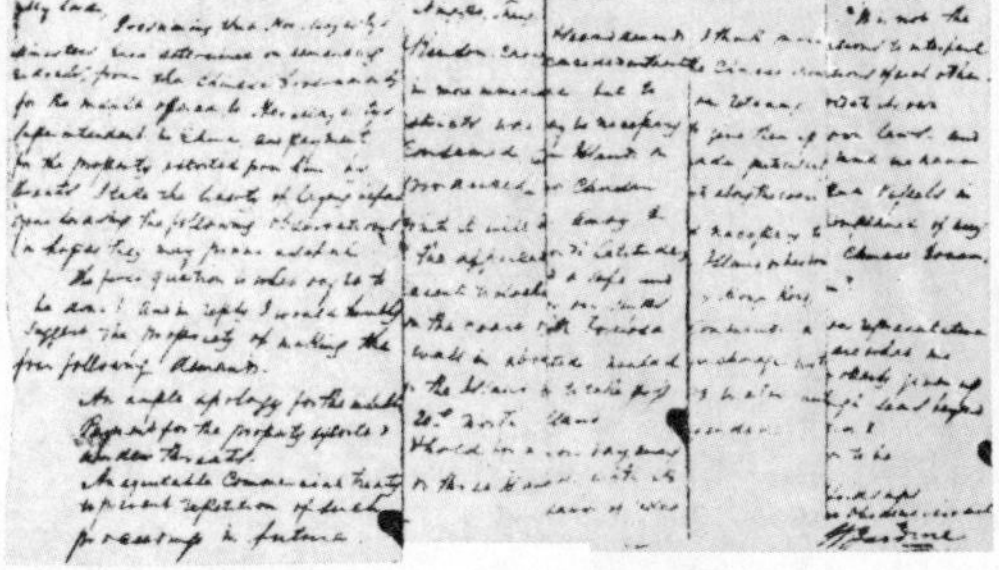

●—一八三九年十月、エリオットがイギリス政府に送った報告

魏源の詩(方術三年艾《がい》)

萬感蒼茫《そうぼう》日、相逢一語無。
風来憎蠖屈《かくつ》、歳月笑龍屠《と》。
方術三年艾、河山両戒圖《かいず》。
乗槎《さ》天上事、商略到鷗鳬《おうふ》。

いろいろな思いが、この果てしない天地に広がっている。私は則徐に会って語る言葉もなかった。風来(戦争)が則徐を腹立たせたのは、しゃくとり虫がかがみこんだ(和平交渉)ことだ。過ぎゆく年月は屠龍の技(実用に役に立たない技術)をあざ笑っている。方術(医術)ではもぐさにするのに三年かかるが、河山(国土)を守る両戒図(南北辺界の形勢図)を作成するのにそれくらいかかるだろう。竹木で編んだ筏《いかだ》に乗って(海上に舟を出す)天上(中外の地理形勢)を視ることについて、則徐は鷗鳬(水車に隠れている水鳥や野鴨で、自らを謙遜して称す)に相談に来られた。

この南京条約の締結と開国を、則徐がどのように受け止めたかについては、具体的な論述はない。ただ彼が浙江海口での任務を終え、水利責任者として河東に向かう途中鎮江に立ち寄り、親友魏源と会った際、天下の情勢について論ずるとともに、自らが広東で蒐集した海外に関する資料をすべて手わたし、その出版を依頼したことから、中国の行く末を案じていたことがうかがえる。

則徐は国際法を研究し、外交・貿易のあり方も従来の天朝の恩恵を与えるという朝貢貿易では対応できなくなったことを知った。その上で、「夷を以て夷を制する」戦略として中国との貿易を欲する国々の関係を利用してイギリスの密貿易を牽制することや、船や機械などの面で優位に立つイギリスが軍事技術においてまさっていることを認め、それをいち早く中国に導入する必要性を悟り、これら輪船機器の図説を魏源に与えたが、これがまもなく魏源によって『海国図志《かいこくずし》』として公表されるのである。このように則徐は、南京条約以後の清朝のとるべき外交・貿易、それに防備も含めて、そのあり方を示唆していた。

新疆での開墾事業と対露関心

一八四一(道光二十一)年三月、則徐は浙江での海防のため派遣はされたものの、軍営での務めがゆるんでいるという理由でその職務を解任され、イリへの効力贖罪《しょくざい》(功績をあげて罪を贖《あがな》う)が命ぜられた。その後六月に黄河の東河(河東河道総督のおさめる河川)が氾濫したため、その修復工事を命ぜられる。この間則徐の後見役として、その行政官としての能力を高く評価していたのは、中央政界にあった大学士王鼎《おうてい》▲であった。鼎は則徐のイリへの左遷には不服であり、何度も流罪の命を撤回するよう道光帝に求めたが受け入れられなかった。その処置が決定した際、帝の前で則徐をイリに追いやった軍機大臣穆彰阿《ぼくしょうあ》▲を詰問したが、その命がくつがえらないとわかると皇帝を諫めるため自ら首をくくって死んだ。翌年則徐は東河修復完了とともに、イリに向かうのである。

一八四二(道光二十二)年三月、イリに向かった則徐は、洛陽《らくよう》から西安をへて、七月蘭州《らんしゅう》に到着する。このころイギリス軍が南京に迫り、まもなく清朝はイギリスと講和する。この情報を九月に甘州で受けた後、彼は嘉峪関《かよくかん》から哈密《ハミ》に入るのである。哈密は新疆《しんきょう》の東の玄関にあたる地で、天山山脈の最東部南麓にあ

▼王鼎(一七六八〜一八四二) 陝西省蒲城の人。一七九六年の進士。工部・刑部・戸部歴任。一八四一年黄河が祥符で決壊した時に視察。アヘン戦争に際し、英軍が沿海を侵すと主戦に務め、林則徐が免職すると、穆彰阿が国を誤ったと弾劾し、自害したといわれる。林則徐が鼎の死を知ってその死を悼む詩をつくっている。

▼穆彰阿(一七八二〜一八五六) 満洲鑲藍旗人。一八〇五年の進士。礼部・兵部・刑部・工部各侍郎を歴し、内務府大臣、工部尚書、軍機大臣と昇任。三四年、協弁大学士、武英殿・文華殿大学士に進み、中央政官の最高権力者となる。和平派のリーダー。

り、乾隆期ジュンガル・ハン国滅亡後、正式に清国の領土となった土地である。ここから十一月、彼はウルムチをへてイリに入り、満人将軍布彦泰《ふげんたい》▲と面会する。イリは天山山脈中部北麓に広がる土地で、清朝はここに将軍を配して屯田による農耕開発に着手していた。しかし当時西トルキスタンに進出してきたロシアが、イスラーム教徒の清朝への反乱を利用してこの地をうかがう様相を呈してきた。

則徐はこの地に三年間滞在したが、一八四三(道光二十三)年にロシアのことを記した「俄羅斯《おろしゃ》国紀要」▲を叙述し、そのなかで今後中国の脅威となるのは、イギリスよりもロシアであると警告している。このことが契機となって、それまでロシアを天朝に対する朝貢国としかみていなかったことを反省する機運が高まり、ロシアを含む西域研究グループが北京に結成されている。

また則徐は一八四四(道光二十四)年、布彦泰に上奏して当地での屯田開墾を進言し、さらに翌年には天山山脈の水を引くという特殊な灌漑法(カーレーズ)を提案している。また回民も屯田の対象としており、ウイグル人を定着させ民生の安定をはかろうともしている。

▼**布彦泰**(一七九〇〜一八八〇)　満洲正黄旗人。ハミ・西寧、イリ・タルバガタイの弁事・参賛大臣を歴任。一八四〇年にイリ将軍を授かる。林則徐の協力のもと開墾を進めた。晩年、奕山と俄羅斯通商事宜を会議する。

▼**「俄羅斯国紀要」**　本書は『清史稿』巻一四七の「芸文志二」(林則徐撰)に記載があり、李元度『国朝先正事略』「林文忠公事略」には、南京条約締結後に則徐が「イギリスはまだくみしやすい。最後に中国の患となるのはロシアであろう。私は年をとっているから、これを考えるのは君等である」と述べたとある。ロシア侵略の危険性について親友龔自珍の「西域置行省議」からえたものとされる。この著から学び、その後ロシア政策に尽力したのが左宗棠である。

▼**漢民と回民**　雲南には少数民族が多く、なかでもイスラーム教を信じている回民もいた。回民の多くは甘粛省などの西北地帯に集居しているが、全国各地にも散在し、このうち四川・陝西・貴州省などに住む回

雲南での回民対策と鉱山開発

一八四五(道光二十五)年、布彦泰が陝甘総督に任ぜられるとともに、則徐は彼の推薦もあって、翌年初めに署陝甘総督となり涼州に赴任した。同年三月、則徐は鼻血・内臓疾患および喉痛・失音などの症状により休養を要請しているが、同月に盟友鄧廷楨が死亡したことにより、陝西巡撫の後任となった。七月西安に入るが、十一月になってまた病が再発している。

一八四七(道光二十七)年三月には、回民対策に関する手腕が評価され雲貴総督に任命される。同年四月、西安を出発し、六月雲南省の省都昆明に入り、さっそく回民対策に取りかかる。雲南・貴州は長年にわたって漢民と回民▲が互いに殺害し合う状況▲にあった。則徐は赴任後、ただちにその案件を審議するが、その際「漢回を問わず、ただ良莠《りょうしゅう》(善悪)を分ける」▲という観点にもとづき事件を処理していった。だが雲南西部の永昌府保山▲一帯の回民がなかなか従わない。それは、ここが回民の祖先の墳墓のある地であり、四五年の闘争の時に回人が漢人の家屋を焚焼すると、怒った漢人が回人の墳墓を掘り返して屍骸を堆積さ

民が雲南に移住し、これを客回といった。雲南の回民の根拠地の一つが保山であり、ここの回民と漢族との対立が道光年間から激化していた。回民のうち、漢民族との結婚などにより漢化したものがある。その一方で、漢民でイスラーム教徒となった者もあり、これを漢回と称していた。

▼雲南回民の乱　雲南省保山県の生まれの杜文秀は、一八四五年の永昌回民殺戮事件の際、妻を殺されたため、抗議をおこない、それがのち五一年、大規模な乱となった。

▼漢回を問わず、ただ良莠を分ける　漢と回が同じ土地に住む有籍の民であれば、きまりを守っているものを良民とし、事を起こし秩序を乱すものを匪民とした。

▼保山回民対策　保山城内の回民を官乃山に移動させるという漢回分離策で、これを進めたのは張亮基で、回民二百余戸は官乃山で農業で暮していた。守分安業していたが、付近の保山七哨地方の哨匪がしばしば事を起こすうえ、外匪が官乃山に入り込んできて治安が乱れていた。亮基

せたということがあったためである。のち公正な紳耆《しんき》(地方の名望家)がそれを修復してなんとか事態はおさまったが、その影響もあって漢回の対立はいっそう深まったという。

　則徐が苦慮していたのは、このようなことがかえって回民を結束させることになるということであり、各地方官に公正な対策をとることを命じている。則徐は事態が拡大するのはこのようなもめごとが生じた際に、外匪がこれをあおるからであるとした。外匪とは外来の游民で、自ら回と称していても、彼らは真の回民ではないし、また自ら漢民と称していても真の漢民ではないので、それを見極めるために治安維持に努めるよう促した。則徐は四八年正月、自ら雲南西部の大理に赴き、その対策を講じている。三月にはさらに永昌に行き、直接指揮のもとに保山事件を解決する。そしてこの地域を管轄する有能な行政官として永昌知府に張亮基《ちょうりょうき》▲を推薦している。しかし雲南での回民対策は容易でなく、回民側でも糾衆結盟《きゅうしゅうけつめい》(衆を集めて同盟を結ぶ)して反乱も大規模化することが多く、道光末以降咸豊・光緒にいたるまで継続した。同年十月、則徐は最愛の妻鄭氏を亡くしている。

がおこなったのは、保山の回教寺院である清真寺の修復や回民の墓地や農地の保障であった。

▼**張亮基**(一八〇七〜七一)　江蘇省銅山の人。一八三四年の挙人。入貲して内閣学士となる。四六年、雲南省臨安府の知府となり、雲貴総督であった林則徐にその才を知られ用いられて雲南永昌府知府となる。のち、雲南按察使から布政使、さらに五〇年には雲南巡撫に昇進。のち五八年には雲貴総督となった。もっぱら回民対策に従事した。

雲南での回民対策とともに、則徐が手がけたのは産業振興策であった。一八四九(道光二十九)年二月、則徐は鉱山の開採について上奏している。これをまとめたものが「裕国足民・利用厚生の至意」である。このなかで雲南の民の生計が困難なのは、近年銅の生産が薄くなっているからだと指摘し、それを打開する策として、「寛鉛禁・減浮費・厳法令・杜詐偽」をあげている。つまり鉱山採掘の際に産出する黒鉛を販売することを許し、工場の規定を定めて無駄使いを減らし、法令を厳しくし、人の財産をだましとる狡猾な者をなくすという策である。この構想のもとに則徐は、官が監督して事にあたり、富裕で善良な者を選んで経営者とし、責任をもって作業人をまねき募集することを説いた。

ところで当時中国では金銀が日々不足し、銭法もますます乱れていたので、則徐は金銀鉱石を開採することの必要性を痛感していた。雲南はもとより銅の産地であり、乾隆期にここでの銅の採掘が政府の独占事業として進められていたが、そのうえに金銀の採掘に目をつけた意義は大きいものがあった。さらにその方式は、ただ鉱山に官が人を集めて作業させる今までのやり方では効果はあがらないので、その土地の事情を知る商民を招集して朋資夥弁《ほうしかべん》(資金を出さ

▼**利用厚生**　『尚書』「大禹謨」に「正徳利用、厚生惟和」とあり、人民の生活を豊かにすることを指す。利用とは日常の器具を工作し、商って利益をもたらすこと、厚生とは飢えと寒さから民を守ること。清末、この標語の解釈として、利用とは商工業を盛んにして世の中を便利にすることであり、厚生とはそれによって民の生活を安定させるというように使用され、企業活動の倫理となった。

▼**朋資夥弁**　この構想による事業は股份公司ともいい、官が監督し民が資本を出し事業をおこなうという官督民弁方式につながるものであり、洋務運動の時期に則徐の後継者であった曾国藩・左宗棠・李鴻章らが採用した。

林則徐晩年の像

せて共同で事業をおこなう会社を設立して官が監督する)を許すというものである。ここには商民に公正な利益を分配することを前提に鉱山事業に参画させ、鉱山が游民の巣となり官の収入の激減するという問題を解決する意図がみられるのである。

退官後の余生と欽差大臣

一八四九(道光二十九)年、則徐は持病の疝気《せんき》が再発し、官を辞して故郷に帰ることになった。その帰路、湖南省出身の有能な若輩官人曾国藩《そうこくはん》・胡林翼《こりんよく》▲・左《さ》宗棠《そうとう》▲と会見しているが、彼らこそ次代を担う人物であった。

故郷で養生する間もなく、一八五〇(道光三十)年、広西省金田村《きんでんそん》で洪秀全《こうしゅうぜん》が決起し、太平天国を宣言して反乱を起こすと、翌年即位した咸豊帝《かんぽう》は則徐を欽差大臣に任命して、その鎮圧を命じたのである。則徐は病をおしてこの命を受け、故郷福州から潮州に到着する。しかしここで病状が悪化し、十一月二十二日(十月十九日)、他界する。六六歳であった。

彼の一生は公のために私を忘れるまさに憂国憂民の崇高な理想を実践するも

▼**胡林翼**(一八一二〜六一)　湖南省益陽の人。一八三六年の進士。太平軍が湖南に侵入した際、義勇軍を率いて曾国藩を助けて武昌回復に成功。その功により湖北巡撫に昇任、その後九江・安慶も回復したが、まもなく病死した。

▼**左宗棠**(一八一二〜八五)　湖南省湘陰県の人。一八三二年の挙人。陶澍の賓客となり、胡林翼とも交遊。軍閥やのち湘軍を率いて江西・安徽に転戦、六一年に浙江巡撫、さらに閩浙総督となり、杭州を回復。太平天国平定後、福州に馬尾船政局を建設。のち陝甘総督となり、回教徒の反乱を鎮圧し、新疆の保全に尽力。

林則徐晩年の詩碑

のであった。彼の後輩左宗棠は則徐を諸葛亮に比し、彼の死を悼んで、「大星殞落《いんらく》」と称した。彼の親友程恩沢は彼のことを

「事を理《おさ》むるに真書を作《な》すが如く、緜密《めんみつ》にして間《かん》無く、民を愛するに赤子《せきし》を保《やす》んずるが如く、体会微《び》に入る（事を処理するには楷書を書くように、綿密で非の打ち所が無く、民を愛するには母親が自分の赤子を保護するように、よくその真義を会得しており、きめこまかく気配りしている）」

と述べたが、この言葉こそ彼の人となりをいいあてている。

彼は激務の間に書に親しみ、優れた作品を多く書いているが、その一つに一八三五（道光十五）年の夏に河南省光山で「般若波羅蜜多心経《はんにゃはらみたしんきょう》」を写経している。それは小さい楷書で全神経を集中して一心不乱に書きあげられており、その細字の集合体に宇宙または世界を見るのである。彼は大胆にして細心な人物であったことは、このようなところにあらわれている。

則徐死後、清廷は彼に太子太傅を贈り、文忠と特諡《とくし》した。また雲南・江蘇では祀名宦祠に入り、当地の人々も彼の徳を崇んで祠を立て、江南では彼を林青天と称した。

『興化県志』に描かれた魏源

▼**傅鼐**(一七五八〜一八一一)　順天府宛平の人。捐納により府の経歴となり、雲南省寧洱県の知県となる。一七九五年、福康安が苗疆を征した際、湖南軍営に赴く。その後、嘉慶年間(一七九六〜一八二〇)、苗族対策を担当し、湖南・貴州の苗族の乱を鎮圧。

▼**胡承珙**(一七七五〜一八三二)　安徽省涇県の人。一八〇五年の進士。一〇年、広東郷試副考官に任じられる。一九年、署台湾兵備道に任官。官を辞めたのちは郷里で経学に専念した。彼の学は広く古今の諸説を蒐集することにあった。

③―経世の思想家、魏源

経世学研究と科挙志望

魏《ぎ》源《げん》は一七九四年四月二十三日(乾隆五十九年三月二十四日)、湖南省邵陽《しょうよう》県に生まれた。林則徐《りんそくじょ》より九歳年下である。父邦魯は、性格は意気盛んで、読書と遊覧を好む人物であった。小吏だが、巡検の職として江蘇省の各地に赴任中、陋規《ろうき》(賄賂)をとらず、時の江蘇布政使林則徐や江蘇巡撫陶澍《じゅんぶとうじゅ》(七七頁参照)から礼儀正しく接せられ、最後は宝山県主簿(総務長官)に任ぜられている。

源の生まれ故郷邵陽は湖南省西南部にあり、省境一帯は苗《びょう》族の居住地であった。この苗族との紛争が絶えなかったが、源は後年この苗族対策に貢献した湖南按察使《あんさつし》傅鼐《ふだい》▲の伝記を書いている。源の家は当地の中小地主であったが、一八〇三(嘉慶八)年の邵陽の大飢饉の際に、貧民にかわって税を納めたので、魏家は資産をなくしたという。

一八〇八(嘉慶十三)年、一五歳の時、源は県の学生となり、ここではじめて陽明学や史書の研究をした。一〇年、廩生《りんせい》(官から生活費を支給されている生員)

となり、一三年に二〇歳で貢生(管下の生員中の学問・徳行ともに優秀な者)に選抜されたのち、一五年、父に従って都へ行き、約二年間滞在する。ここで漢学を胡承珙《こしょうきょう》▲に、宋学を姚学塽《ようがくそう》▲に、公羊学《くようがく》を劉逢禄《りゅうほうろく》▲に学んだ。その際、龔自珍とも出会い、ともに古文辞を切磋している。また『大学古本《こほん》』の解釈も始めている。

一八一七年、長沙にもどった源は、翌年同郷の厳氏と結婚する。厳家は祖父が揚州《ようしゅう》府通判、父が候補布政使となった経歴のある地方の中流士人であった。一九年、源はふたたび上京し、順天郷試によって副貢生(郷試に合格しても、会試を受ける資格のない者)となった。ここで源は、川東兵備道に赴任する陶澍とも知り合った。また都の名士と漢代の儒学者鄭玄《ていげん》の祭りに参加するなどして、漢儒の研究を深めるとともに当時の政治にも関心をもつようになった。この年、源の経世《けいせい》の才が認められ、山西《さんせい》学政賀長齢《がちょうれい》にまねかれて幕友《ばくゆう》となった。翌年母とともに父の赴任地江蘇省宝山県を訪問したのち長沙にもどっている。この年、『老子本義《ろうしほんぎ》』▲序を作成している。

翌一八二一(道光元)年ふたたび上京した源は、郷試を受験したが合格せず、

▼**姚学塽**(一七六六〜一八二七) 浙江省帰安の人。一七九六(嘉慶元)年の進士。官は内閣中書から兵部郎中。都にいること三十年、清貧な生活を送った。八股文《はっこぶん》にたくみであった。

▼**劉逢禄**(一七七六〜一八二九) 江蘇省武進県の人。一八一四年の進士。礼部主事、儀制司主事を歴任。幼少より外祖父荘存与《そうそんよ》及び叔父荘述祖《そうじゅつそ》の影響を受け、公羊学の研究をおこなう。著書に漢の何休の公羊学説を解釈した『公羊春秋何氏釈例』がある。その「微言大義」の学説は、新時代の変革理論の学問的根拠となった。

▼**『老子本義』** この書は魏源生前刊行されなかったが、一九〇八年に刊行。一八二〇(嘉慶二十五)年に自序。源はこの書で「太古の道は、徒《いたずら》に世に無用か。(略)曰く聖人経世の書にして、老子は救世の書なり」と述べる。源は老子の道を無とし、真常・虚静を主とするが、その道を実にする変や動を重視している点に注目する。この思想は、源の公羊学の解釈に相通ずるものがある。

ふたたび副貢生となった。かねて研究してきた『大学古本』『孝経集伝』『曽子章句』などの書を北京で刊行している。とくに『大学古本』では、姚学塽に校訂を依頼している。そこで『大学古本』をもって宋代の儒学者の説の誤りを正している。▲翌年念願の郷試に合格し、挙人となった。この間、源は直隷提督楊《よう》芳《ほう》の家に滞在し、弟子の教育とともに古今兵家の遺跡を訪求しているが、これがのちの兵事を議論することを喜んだり、西北地理に留意することにつながっている。二三(道光三)年には北京で姚瑩《ようえい》▲や龔自珍《きょうじちん》・張際亮《ちょうさいりょう》(一七九九～一八四二)とともに盛んに当時の政治を論じている。

経世官僚の幕友と漕運・河工・塩政策

一八二五(道光五)年春、魏源はその後江蘇布政使に就任した賀長齢の要請により『皇朝経世文編《こうちょうけいせいぶんぺん》』を編纂する。また同年江蘇巡撫に就任した陶澍から海運・水利の諸大政の相談を受けている。そして同年夏、「籌漕篇《ちゅうそう》」を作成し、また両江総督《そうとく》魏元煜《ぎげんいく》に漕運を河運から海運にかえることまで提言している。このように当時、源は政治・経済改革をめざす経世官僚の幕友として次々と政策

▼宋代の儒学者の誤りを正す　姚学塽は『大学古本』について、古本は石経(前漢平帝の時、易・書・詩・春秋左伝を石に刻した)より出たものであり、後儒はその脈絡をえていない、つまり朱子の著『大学』を暗に批判している。本を知ることに力を入れ、空言を事とすること勿れという師の説を受けて、宋儒の説を尊重する清朝李光地らを魏源は批判した。

▼姚瑩(一七八五～一八五二)　安徽省桐城《とうじょう》県の人。一八〇八年の進士。一八三〇年に陶澍・林則徐の推薦もあり、台湾道になる。姚は魏源の経学について、時務に留心して、その論するところの著には史才がみられると評価している。とくに『海国図志』について、大には我が心を得たという。

魏源手跡

進言をおこなうようになっていた。この幕友としての仕事は、彼の晩年まで継続した。一方で源は進士となり、地方行政を自ら担うことも考えていた。二六年、彼は入都して会試を受けるが及第せず、ふたたび賀長齢の幕友となる。

源が当時もっとも関心があった課題は漕運・水利・塩政であった。水利に関しては、その政策に関する、エキスパートであった包世臣《ほうせいしん》に淮揚運河の治水について意見を求めている。包世臣は源より少し年上であったが、当時すでに陶澍など経世官僚の幕友として活躍していた人物で、これ以後源が経世策の師としてあおぐ存在であった。源は賀長齢に「海運全案序」など海運に関する政策を進言する。長齢の山東布政使就任後は、源は長齢の命を受けて包世臣を訪ね、山東省の治水の要点を質問している。一方で源は「籌漕篇下」を作成し、黄河の河道が清河より高いところを流れることに注目し、治水の重要性を痛感した。

一八二八(道光八)年、源は杭州に向かい、ここではじめて仏典を学び、禅家の悟りに心を深く引かれたために仏典を広く閲覧した。その後杭州から蘇州をまわり都にもどった。蘇州では江蘇巡撫陶澍の要請で、両江総督蔣攸銛《しょうゆうせん》に、江蘇四府一州の一六〇万石の漕運を海運にておこなうことを提案する。蔣はこれを受けて海運策を上請している。

一八二九(道光九)年、源は都で楊芳の客となり、ここで礼部の会試を受けたが合格しなかった。そこで捐納により内閣中書に任官した。内閣は清朝の典章制度に関する書籍の宝庫であり、ここで史館秘閣官書や士大夫の著述、それに故老伝説などを見ることができた。これが以後編纂する『聖武記』の資料となったのである。また翌年『詩古微』▲を刊行したが、その序文を公羊学者劉逢禄が書き、「その志が大で、その思いは深く勤勉である」と称賛した。さらに源は『董子春秋発微』を著したが、劉はこれを公羊学の説く「微言大義」(孔子の真意)を明らかにした入門書であるといった。ところで当時源は劉の高弟であった龔自珍とは無二の学友であったが、源が会試を受験した際ともに不合格で劉からその才を惜しまれ、両者は以後龔魏と称された。同年北京にいた源は、都中の諸名士とも盛んに往来していたものと思われる。陶澍・林則徐・黄爵《こうしゃく》滋《じ》といった内外の大官もいただろう。魏源自身作詩を得意とし、黄爵滋主催の花之寺での詩会や龔自珍招待の龍樹寺での詩会、さらに先述の「宣南詩社《せんなんししゃ》」の詩会にも参加していたと思われる。この頃、魏源と則徐は経世に関しては共通

▼**『詩古微』** 「詩経」には斉・魯・韓の三家の伝があり、今文(隷書体)で書かれていた。これに対し毛氏伝の注釈は古文で書かれ、それが後漢末の鄭玄によって採用され、のち唯一の注釈書として尊重されていた。その後、清朝の学者が古注の再解釈をする。魏源は、斉・魯・韓三家の詩は、微言大義を発揮するためにつくられたという。そして詩の道はかならず礼学を明らかにし、春秋を明らかにして、そうしてのちに古聖の天下来世を憂患する心が天下に絶えないようになるというのである。

▼**兪徳淵**(一七七八〜一八三六) 甘粛省平羅の人。一八一七年の進士。一八三〇年、徳淵は両江総督陶澍と塩法改革実施のため協議し、塩政(官職)を罷免し、浮費を裁し、窩価《かか》を減ず

の理解があり、相互の交流はすでにあったので、同志といえる仲であったといえよう。

一八三〇(道光十)年十月、カシュガルやヤールカンドで反乱が発生し、楊芳が命を受け現地に赴く。都にいた源はこの機会に天山方面の状況を知りたいと思い、楊芳の軍幕に入ることを願って甘粛省酒泉・嘉峪関《かよくかん》まで行ったが、戦事はすでに終わったと聞き、引き返している。この頃源の西北地域への関心は一段と増した。

同年、陶澍が両江総督となり、塩政を始めとする内政改革に乗り出した。父の病没により一時故郷にもどり、ふたたび上京した源は、龔自珍のまねきにより花之寺で集会するが、その参会者に包世臣もいた。その後都をでて金陵(南京)や蘇州を放浪するが、その間陶澍の票塩法を評価する『淮北票塩志略』を完成し、その際陶澍の塩政改革に貢献した兪徳淵《ゆとくえん》▲と王鳳生《おうほうせい》▲の業績を評価してその伝記を書いた。さらに三三年、陶澍にかわって『東南七郡水利略』の序文を書き、翌年、林則徐と会っている。三五年、江蘇元和県の宝帯橋が落成すると知県黄冕《こうべん》▲にかわって『三江口宝帯橋記』を編纂している。当時江南の水利事業

るなどの改革をおこなった。塩の引地(六八頁参照)を受領することを窩といい、特定の塩商が独占していた。その受領価額を窩価という。徳淵はその後両淮塩運使に抜擢された。

▼**王鳳生**(一七七六～一八三四)　安徽省徽州婺源の人。一八一五年、嘉興府通判に任命される。二一年、浙撫師承瀛のもとで浙江の倉庫を精査し、また浙西の水利には江蘇の水利と連動しておこなうことを指摘した。二九年、両江総督蔣攸銛の推薦で両淮塩運使の代理となる。ここで塩の密売者の首領塩梟黄玉林の捕獲に貢献した。

▼**黄冕**(一七九六～一八七二)　湖南省長沙の人。二十歳で両淮塩大使となり、淮・揚で成果をあげた。道光初の海運に際しては、陶澍の命で上海で沙船を集め、うまく処理したため、江都知県を授かる。その後、蘇州府同知に抜擢、常州・鎮江府の署理を歴任。ここで劉河海口・上海蒲匯塘・常州芙蓉江・孟河の治水をおこなう。アヘン戦争後、イリにて林則徐の屯田策に貢献。さらに江蘇巡撫陸建瀛の要請で海運を立て直した。

が林則徐によって進められており、源もまたこれの完成に協力していたと思われる。

源は一八三七（道光十七）年、揚州新城に絜園《けつえん》と名づけた庭つきの邸宅をつくり、母とともに暮らした。ここに古微堂《こびどう》を建て書斎とした。源の著作集を『古微堂集』▲というのは、ここで源が研究したためである。石だたみのある庭で、花を栽培し、魚や鶴を飼いながら、ここを終生の地とした。ちなみに購入資金をえるため、源は塩の取引もしていたという。ここで執筆もしたが、それが明代三百年の食政・兵政に関する論議を集めた『明代食兵二政録』▲である。

同年、源は淮安に赴き、周済《しゅうさい》▲を訪ねている。済は当時淮安府学教授であった。この周済は漕運総督周天爵《しゅうてんじゃく》とともに武事を講ずる仲であったが、このころ、源もまた周済を介して天爵と知り合うようになった。

一八三九（道光十九）年、源は欽差《きんさ》大臣林則徐と北京で会見し、また龔自珍とも揚州で会い、アヘン厳禁について意見交換している。同年六月、源が幕友として多くの経世策を進言してきた陶澍が死亡し、源は墓誌銘を書きその死を悼んだ。そのなかで澍が実施した海運と票塩こそ、今日東南地域の貧困を克服し

▼**『古微堂策』**　源が長年にわたって筆記したものを集約し、一八七八年淮南書局より『古微堂集』として刊行された。上篇は学篇、下篇は治篇。これよりのち、七〇年には『古微堂詩集』が刊行されている。

▼**『明代食兵二政録』**　この著は、明代滅亡の要因となった宦官の重用と重税の禁を清朝が実施して、民生の安定をもたらしたことをあげるとともに、清代になって漕運・河工・塩政などによって財政を疲弊させ、また詩文・八股中心の科試によって天下の人材を役にたたないものに向わせたものと指摘し、経世済民にもとづく行政の必要性を説いている。そこには明代の食兵二政と清代のそれと較べて進んでいる面がある点から考察し、そこに事項の進歩をみる源の歴史観が示されている。

▼**周済**（一七八〇〜一八三九）　江蘇省荊溪の人。一八〇五年の進士。淮安府学教授に就任。淮南にはこびる悪徳私塩業者の払拭を総督から依頼された。李兆洛・張琦・包世臣と交わりを結び、また史書を研究し『晋略』を著す。

て永久の利益をはかったものとして評価した。票塩とは、それまでの特権をもっていた塩商の独占を私塩業者にも開放した政策であり、非常に大胆な塩政改革案であった。この案は、淮北で一時実施されたが、恒久的な政策にはならなかった。その後、源は陶澍の後任の陳鑾《ちんらん》▲の幕友となったが、十月に陳鑾も死亡し、その後任に伊里布《イリフ》が任命されるが、この伊里布とは深交はなかった。

これより先、同年六月、源は賀長齢に自身が経営する票塩販売の成功や失敗について手紙で述べている。澍の死後、源は「籌塩篇」を作成し、私塩を取り締まるには塩引(塩の販売許可書)の価額を下げることにより、私塩が入り込まないようにし、そのためにはそれまで綱商が独占していた塩引にかわる票を支給する必要があると説いた。この票塩はまず淮北で実施された。

▼**陳鑾**(一七八六～一八三九)　湖北省江夏の人。一八二〇年の進士、二五年江蘇松江知府を任じられ、上海に駐し、海軍を創立。また下河諸県水災にあたり、流民対策に尽力する。陶澍・林則徐が先後江南の督撫になったことにより、漕運・水利などの諸政に貢献。三七年、江西巡撫より江蘇巡撫に転任し、三九年、陶樹が病により辞任したのち、両江総督になり、アヘン厳禁、海防行政を実施するも死亡。

アヘン戦争中における魏源

一八四〇(道光二十)年、アヘン戦争の最中、源は揚州に滞在していたが、林則徐が罷免されたとの情報を受け取り、その思いを「寰海《かんかい》(天下、世界)」という詩のなかで吐露する。翌年、裕謙《ゆうけん》が欽差大臣として鎮海《ちんかい》にいたると、林則徐は命を受けて鎮海に赴き、源もまた裕謙の官署に入っている。しかしまもなく源は辞任し揚州に帰るが、その途中鎮江でイリへの赴任を命ぜられた則徐と会っている。そこで両人が対談し、則徐は源に『海国図志《かいこくずし》』の刊行を委嘱した。

そのころ、源が師としてあおいでいた歴史地理学者李兆洛《りちょうらく》▲が死亡した。当時江南には次代の変革を予言していた李兆洛と公羊学の劉逢禄がいたが、魏源はその学問を尊敬しており、彼らから多大の影響を受けていたのである。同年七月に張穆《ちょうぼく》▲が『永楽大典』におさめられている南北地図を源に贈っているが、これを後日『海国図志』を作成する際に編入している。則徐のイリ赴任もあり、源の関心は西北地理学にもおよぶのであるが、このころ同学龔自珍も「西域置行省議」を書き、西北開拓の重要性を論じている。自珍は同年八月揚州に立ち寄った際、源の家に宿泊し、両者は意気投合して西北地理研究の意義を論じている。自珍はその後丹陽にいたり、そこで死亡するが、これについては中央高官の暗殺説などもありその死因は不明である。

一八四二(道光二十二)年七月、四九歳の源は揚州で清朝創国から道光年間にいたるまでの清朝史を方略・用兵・政策の利害得失の面から詳述した『聖武

▼李兆洛(一七六九〜一八四一)　清末の歴史地理学者。江蘇省武進(陽湖)県の人。一八〇五年の進士。安徽省鳳台県の知県となり、治安・水利に尽力。在県七年で父の病のため官を辞し、江陰の曁陽書院の主講となり、二十年間学問と教育に専念、とくに地理学と天文暦学に力を注ぐ。彼は経世にも関心を有し、その歴史地理学は包世臣・魏源らに多大な影響を与えた。

▼張穆(一八〇五〜四九)　山西省平定の人。道光年間、優貢生となる。程恩沢は穆の文を見てその才に驚く。阮元はその著作を見て碩学と称した。訓詁・天算・輿地の学につうじた。都にて祭酒(学長)となった。四五歳で死亡。著に『蒙古游牧記』あり。また西北地図を画出した『元経世大典』は、魏源が『海国図志』に取り入れた。

『聖武記』

記』を編纂している。続いて中国内政の最大問題である黄河の治水について見解をのべた「籌河篇」を作成する。この間六月には、イギリス軍が鎮江を攻略し、揚子江を遡って南京に迫ったので、七月、清朝はついにイギリスとの間に南京条約を結ぶのである。

翌年の春、源は『聖武記』を包世臣に送り与え、詳しい調査を求めている。世臣からは、この書が国家武功の盛んであったことを詳細に記述していること、さらに乾隆末に発生した白蓮《びゃくれん》教徒の乱は、自分が知る範囲では、じつは官逼民《かんひつみん》反《はん》(官の脅しで民が反抗する)であって、その事実を知らないで官も民も互いに反目したことが、乱事を蔓延させた根本であると返書している。また龔自珍の子の橙が自珍の遺著を編纂することを源に請うているが、それに応じて世臣は『定庵外集』を編纂し、その序文に経学においては公羊春秋につうじ、史学においては西北地理に長じ、世情民隠《みんいん》(民の苦しみ)に身をもってあたっていたと書いている。同年秋、源は揚州から鎮江をへて南京にいたり、そこで包世臣を訪ねるとともに、イギリスとの戦争に敗れて民気が消沈しているさまを見て、憤りを感じ作詩する。

君見ずや去年今日秦淮岸、鵲橋《じゃっきょう》待渡銀河半ばなり。砲雷江口震天《しんてん》して来る。驚得せる鎧船《がいせん》雨の散るが如し。▲云々。

とあり、イギリス軍に攻略されて、清軍はなんの抵抗もなく無残に敗れたさまを去年と違う今日の南京の情景を見るなかでつくっている。

江北運河地帯における行政官と幕友

一八四四(道光二十四)年、魏源は入都して礼部会試に応じ合格する。しかし文章がおおざっぱという理由で殿試は受けられず、進士にはなれなかった。翌年源はようやく殿試に合格して進士となり、秋に江蘇省揚州府東台《とうだい》県の知県となった。東台県では漕運にまつわる奸悪な民が多くいて重大な犯罪事件が起こっていたが、源はそれを取り締まることに成功し、また翌年「畿輔河渠議《きほかきょぎ》」▲を作成した。四六年、母が死亡したので官を辞し、揚州で『聖武記』を重訂した。また『海国図志』も修訂している。ここでは元代の西北経営の偉業にもっとも留意するが、そこには『元史』の不足を補う意図があったのである。このころの源は、国内の苗族・ウイグル族などの少数民族の問題、それに当時東進して

▼**君見ずや……如し**　君よ、去年の今日の南京秦淮岸のありさまを見給え。七夕の牽牛と織女が天の川を渡って川の半ばまできていたものを。ところが今年は大砲の音が天を震わせている。驚いたことに武装した船が雨の降り落ちるようにやってくる。

▼**「畿輔河渠議」**　このなかで源は直隷(今の河北省)の水害の原因は、漳河や永定河の川底が日々高くなっていくに従い堤防を高くするため、周囲の田の水が川に流れないことによる。水勢と地勢をみた上で河道を決めて築堤する必要がある、と進言した。

きたロシアの問題に関心をもち、それを歴史地理から解明しようとしていた。

同年源は江蘇巡撫李星沅《りせいげん》▲に進言し、銭漕の弊害除去と改革を議している。ここでは源は江蘇の漕費が増し、州県の心配事が日一日とはなはだしくなっていく。その理由として銀価の弊があるのはどうしようもないが、せめて缺（ポスト）を減らすことで官に支給する費用を省けることになるというのである。

一八四七（道光二十七）年、源は「籌《ちゅう》鹺《さ》篇」を著して両江総督李星沅に進言した。ここでは淮南も私塩防止に票塩（六一頁参照）に改めてゆくべきとしている。淮南の改革が全国の塩政の利害を明らかにして効果をあげるものとなるという見解を述べているが、この案は採択されなかった。

同年、源は李星沅の後任の江蘇巡撫陸建瀛《りくけんえい》▲の幕友となり、海運について進言している。ここで源は江蘇の漕弊は海運でなければ除くことができず、京倉（北京の倉庫）の不足も海運でなければ補うことはできないので、蘇・松・常・鎮・太倉・江寧の五府一州の漕運を海運で斟酌《しんしゃく》して実施することを提案する。この案を建瀛は皇帝に報告し、皇帝の命を受けて関係庁に下して議された。すでに海運案は一八二一（道光元）年に試行されていたが、これを長くかわらない

▼**李星沅**（一七九七〜一八五〇）　湖南省湘陰の人。川東道陶澍の幕友となる。一八二五年の挙人、三二年進士、編修となり、地方官を歴任。四六年江蘇巡撫から両江総督となり、漕運の積弊改革に尽力。魏源とは同省の出身であり、署川東道にいたときから、交友関係があった。

▼**陸建瀛**（?〜一八六〇）　湖北省沔陽の人。一八二三年の進士。庶吉士から侍講、侍読をへて直隷天津道、布政使、四六年に江蘇巡撫となる。ここで海運を主とすることに努めた。ついで四九年両江総督となり、淮南塩の弊害除去に努めた。五一（咸豊元）年決壊した黄河に赴き、南河総督楊以増とともに黄河の治水を監督する。翌年太平天国軍が湖北を侵した際に、欽差大臣に任命されて鎮圧に努めるが、敗北して免職。

制度にすることの審議がこの機に開始されたのである。これがまもなく五五（咸豊五）年の黄河の大氾濫による流路変更により現実的なものとなった。

一八四七年の秋、源は南方に赴き、広東省番禺では張維屏《ちょういへい》や呉蘭修《ごらんしゅう》を訪ね、ついで陳澧《ちんれい》▲とは学を論じている。陳澧はかつて維屏と『海国図志』について論議したことを語り、この会見でも見解を示したが、これがこの著の改訂に役立つものとなった。また澳門《マカオ》・香港にいった際、ポルトガル人のもつ洋琴に興味を示し、婦人の奏でる調べに悦び、婦人の夫から洋画を贈られている。源は北へ帰る途中、広東・広西・湖南・湖北・江西・安徽《あんき》・江蘇の七省を歴遊し、途中山水名勝の桂林、故郷の邵陽、洞庭湖などをめぐっている。

一八四八（道光二十八）年、源は父を江蘇省の上元県に、母を句容県に葬った。同年江西省南昌に行き、そこで黄爵滋らの招飲会に出席している。四九年、源は揚州府興化県の知県に任ぜられた。興化は裏下河のくぼ地で地勢が釜底のごとくなっており、近くの高郵・洪沢の二つの湖は、秋になると必ず水があふれる。そこで高郵湖に東堤を築いているが、頻繁に堤防が崩れる。そこで河員（川の管理人）は堤防が決壊することを恐れて、水が漲《は》りはじめると秋の収穫を

▼**陳澧**（一八〇九〜八二）　広東省番禺の人。一八三二年の挙人。河源県訓導。若い時は詩学を張維屏より学び、天文・地理・楽律・算術・篆隷を研究した。その後経史や宋学につうじる。宋学のとく義理を最近の儒学者が講じないのはよくないという。学海堂学長を数十年務める。清末、彼の学統は公羊学とともに高く評価された。

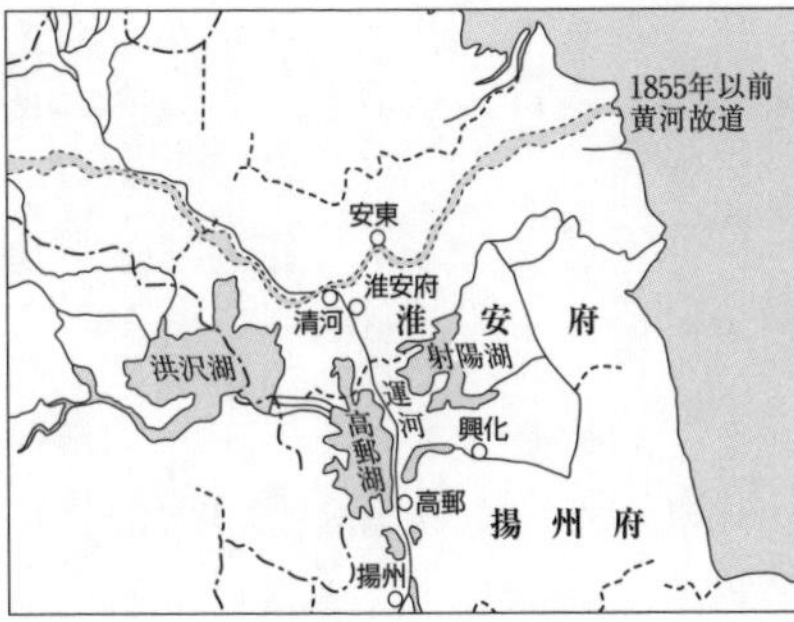

黄河・運河の治水

待たずに水流をさえぎる堰を開くので、穀物はそのために不作となり、裏下河七州県の農民は連年飢餓に苦しんでいた。この状況を知った源は同年秋、運河と湖の水があふれ出しても、堰を開かないよう河員の上司である総督陸建瀛に請願したため、堰は開けられなかった。そのおかげで、その年の立秋後の収穫は多く、民はその穀を「魏《ぎ》公稲《こうのいね》」といったという。この話は、源が行政官としてまず民生の安定を第一に考えていたことを物語っている。ただしその一方で河員が源を恨むことになり、これがのちに河員がささいなことを告発して、源が罷免される要因ともなった。

源は建瀛の命令によって、黄河下流一帯の水利をみなおした。その結果「論下河水利書」を作成する。そこには、黄河下流に関する水利対策はほとんど絵にかいた餅であり、今危急の際にできるのは、運河西堤を二倍にする策以外にないと述べている。これは源自ら運河西堤を訪ね、修復すれば運河の西側にある湖の水があふれるのを防ぐことができると確信していたからである。このように源は黄河・運河の治水には流路の変更を策とする一方で、それぞれの地域にあっては、修復という現実的対応によって水害を防ごうとしていた。

一八五〇(道光三十)年、源は淮北海州での分司運判(塩運使の属官)に任ぜられた。これは両江総督陸建瀛の推薦で、淮北票塩の成果をさらに淮南まで普及したいという意図があった。淮北では塩の販売価格を下げて私塩に対抗する説を重んじ、到任後、厳しく私塩を調べて洗い出し、塩がひそかに区域外に運び出されることを防いで、私商三〇余万人を捕獲した。これによって淮北産は大いに盛んとなり、課収は額をこえたからである。しかし淮南については課額が繁重で引地▲も非常に広く、にわかに改革をおこなえば、おそらく力のおよばない恐れがあると慎重であった。

同年九月江蘇省高郵《こうゆう》州の知州に抜擢される。高郵は沿海の要地であったので、河工に精通している地方官として、江南河道総督楊以増《よういぞう》▲の推薦もあった。一八五一(咸豊元)年に当地に赴任するが、海州分司も兼任していたので、その職務は苛酷なものがあった。赴任後、林昌彝《りんしょうい》▲が高郵を訪れ、両人で「江南吟」を作詩している。そのなかの十首は農作・水利・漕運・票塩・アヘンなどを詩題としていたが、源にとっての詩とは現実の政治や社会に対する憂いや憤りの表現となっていた。同年八月、包世臣(十一頁参照)は源の説く「清を以て漕を送り、

▼引地　塩場で生産された塩を販売すべき地域をいう。塩場は長蘆・河東・山東・淮北・淮南・両浙・福建・両広・四川(貴州を含む)・雲南がある。このうち、両淮塩の引地は江蘇・安徽・江西・河南・湖北・湖南六省におよんでいる。この定められた引地にほかの地域から密輸により塩が侵入するのを隣私という。

▼楊以増(一七八七〜一八五五)　山東省聊城の人。一八二二年の進士、貴州省の知県・知府をへて四六年、甘粛按察使より陝西布政使、四七年陝西巡撫に転任。四八年江南河道総督に昇任。同時期魏源は揚州府興化県知県であり、四月の大水に際し、堰《せき》を啓《ひら》くことを主張する以増と論争し、源がそれを阻止したのを恨んでいた。五三年長江北方の防備の件で、源が誤った報告をしたという理由で以増は源を弾劾したといわれている。

▼林昌彝(一八〇三〜?)　福建侯官の人。一八三九年の挙人、諸経につうじていたが、とくに詩文の才能に秀でた。各地を訪ね、名士と交游。同時局に関心をもち、魏源と深交、同

下河を治せずして、下河自ら保つの法」▲について意見を求められたのに対して、黄河が日に日に底が深くなっても、清江浦がそんなに高くなっていないならば、漕運は盛んになり、黄河下流一帯の農地でも収穫は豊かになる。したがって両堤が壊れたとしてもそんなに妨げにはならないといって源は包世臣の水利策に賛同する。これは先年源が興化の知県の際に実施した、下河水利策を確認したのである。

著作活動と余生

一八五二(咸豊二)年、高郵川知州と海州分司運判の職にあった源は、淮北の票商に淮南塩三十万の広大な引地を与える許可証を発行し、淮南の塩商と協同運送させ、淮北での票法を実のあるものにしていく。その一方で源は『海国図志』の増補を進め、ついに一〇〇巻本を高郵で刊行する。同時に『道光洋艘征《どうこうようそうせい》撫記《ぶき》』▲を改訂する。しかしこのころより源は黄疸を患い、体は黄色くむくんできて飲食も困難になってくる。

一八五三(咸豊三)年、六〇歳のとき、太平天国軍が武昌から東下して南京を

郷の林則徐とも相知の間がらであった。『平夷十六策』を著すが、源はこれを見て実行すべきと述べ、則徐は「百戦百勝の長策」とした。

▼**清を以て漕を送り、下河を治せずして、下河自ら保つの法**　清江浦《せいこうほ》(黄河と運河の合流地)で漕船を運送する際に、その運河下流一帯を治水しなくても自然にまもる方法。

▼**『道光洋艘征撫記』**　原本は一八四二年刊行の『夷艘入寇記』であり、これを底本として四六年『聖武記』刊行に際し、そこに入れたといわれている。本書の作者については李徳庵とする説もあるが、今日では源の作としている。その根拠は、清末の李慈銘が、本書の上篇は源の思想である「春秋公羊伝」が引用されていること、その内容も「粤東守を議さずして款を議す」という文を引き当時講和を推進していた耆英らの政策を批判していることをあげて、本書を源の作と確定している。

攻略、天京と改名し、さらに揚州を攻略する。これより先、源は安徽省北部の防衛に派遣されていた侍郎周天爵の命で安慶軍営に赴いていたが、太平軍の揚州進軍の報に接して高郵にもどり、団練《だんれん》を組織する。このとき北方防備を担当していた江南河道総督の楊以増は、源が馬継ぎにおくれたという理由で弾劾したため、源は罷免される。ところが安徽省北部に捻軍《ねんぐん》▲が起きると、天爵はふたたび源を軍務に参与させる。源はそこで淮河南北の利弊、それに険隘(道の険しさと狭さ)から考えた攻守の方法までをまとめた万言書を提出する。しかし天爵は九月穎州で死亡したので、源は興化に帰り、以後政事に関与しないで著述に専念する。

その一つが、終生の研究として、数年前から取り組んでいた『元史新編』の脱稿である。一八五四(咸豊四)年にはさらに暇なときに静座し、仏典の研究をおこなう。そして自らを「菩薩戒弟子魏承貫《ぎしょうかん》」と称し、『浄土四経』を作成する。その一方で、『詩古微』を増選し、翌年正月には『書古微』▲を高郵で刊行している。また『明代食兵二政録』も完成している。このときの源の心境は、居士として仏典の教えを心の支えとし、その一方では長年の研究課題である「公

▼捻軍　捻党ともいう。清末、太平天国の乱とほぼ同時期に、河南・安徽・山東を中心にした地域で結成された農民の集団。嘉慶・道光年間(一七九六〜一八五〇)、捻という呼称の衆隊ができ、私塩の輸送や密売・賭博・遊侠など反官・反社会的行為をおこない、勢力を拡大していった。清朝は捻軍の行動がめだってきた道光年間(一八二一〜五〇)の後期から取締りを強化する。捻軍拡大の要因に、黄河の決壊と淮河水系の治水策の失敗などが華北農民を窮乏化させたことがあげられる。

▼『書古微』　『書経』は、後漢の馬融・鄭玄が著した古文尚書が尊重されていたが、清代になってもその傾向はかわらなかった。魏源は公羊学者劉逢禄の影響を受け、前漢伏勝・欧陽生・大小夏侯など、それを学んだ孔安国の今文尚書を研究し、そこに「微言大義」が発揮されるという。

羊学」の現代的解釈を完成しようとしていたのである。五六年、源は杭州に遊び、僧舎に寄宿する。ここで日々坐禅を組み、「浄土四経」を暗誦する。その合間に西湖に舟を浮かべ、何紹基《かしょうき》▲らとともに金石書画を鑑賞している。

一八五七(咸豊七)年、六四歳の源は病状が悪化し、三月二十六日(三月一日)杭州でこの世を去った。源は杭州西湖近南の山に葬られた。時あたかも太平軍が湖北・江西の各地で戦い、清軍は応戦するばかりであった。またその前年十月に起こったアロー号事件を契機に、英清両国は衝突し、イギリス軍は広州を攻略し、清朝は内外の危機に直面していた。

源は政治革命を唱えて富強をはかり、公羊学にもとづいて変法を談じ、辺防と海防の重要性を説いていたのであるが、清朝は旧制度や思想を固守して思いきった政策の転換にいたらなかった。魏源の思想が評価されるのは、この内外の危機に直面して以後のことであった。

経世思想

魏源の経世思想の根拠となったのは『春秋』の解釈学の一つ、公羊学である。

▼何紹基(一七九八～一八七四)　字は子貞。湖南省道州の人。一八三六(道光十六)年の進士。翰林院に入り、福建などの郷試の考官に任ぜられる。官は四川学政。退官後、済南や長沙の書院の主講となり、晩年は蘇州に隠居し、著述に専念する。経学・史学・文学の考証にすぐれ、詩は蘇軾や黄庭堅に、金石を嗜み書は顔真卿を学んだ。著に『説文段注駁正』『東洲草堂詩鈔』等がある。魏源とは四三年頃から交流があり、揚州絜園で留飲した詩がある。紹基の弟の紹祺は一八三四年の挙人で源と早くから親交があり、浙江観察使任官時、源の最後を看取った人である。

『春秋』は孔子《こうし》が魯《ろ》の歴史を記したものであるが、それを伝述した公羊高の玄《げん》孫寿《そんじゅ》が弟子胡母生《こぼせい》とともに一書にまとめたものである。それによると、『春秋』には「微言大義《びげんたいぎ》」の意があるとした。「微言大義」とは、孔子には現状を憂えて未来を予言する意図があったという思想である。この春秋公羊伝を解釈した後漢末の学者何休《かきゅう》▲が「三科九旨《し》説▲」を提唱した。それは一国の政治・文化が中国から世界におよんでいくという思想である。魏源はこれらの説を恩師劉逢禄から学び、それをより現実的に変化史観にまで活用した。すなわち、現世を変局と規定して、公羊学の「微言大義」にもとづき、現世を不変の道と絶えず変化する勢いとに分けて考える。この道を説明するにあたって、彼は老子《ろうし》の太古道、董仲舒《とうちゅうじょ》の天の道の理念を応用した。

彼の理想とする政治は、儒教経典の説く太古の堯《ぎょう》・舜《しゅん》・禹《う》の治政であるが、それを現実にするのが治であるという。源はこの治を学とともに研究の二大項目とし、「学篇」「治篇」を作成した。この学と治を研究するのに必要な要素としてあげているのが、事・法・今・物である。すなわち「事は必ず心にもとづくものであり、善く心を言う者は必ず事を験し、法は必ず人にもとづくもので

▼**何休**（一二九〜一八二）　後漢の儒学者。山東省の済寧の人。司徒の属官で諫義大夫となる。『春秋公羊伝解詁』を著し、『春秋』の解釈として「三科九旨説」を提唱した。その一方で『春秋左氏伝』や『春秋穀梁伝』を公羊学の立場から批判した。

▼**「三科九旨説」**　殷・周・新と王朝が系統することを一科三旨とし、衰乱世から昇平の世、さらに太平の世へと進むことを二科六旨とし、自国本位から中国本位、さらに世界本位へと広がっていくことを三科九旨とする。この場合、自国とはほかの諸侯の国や夷狄に対して孔子の生存した魯の国を指している。さらに新王朝とは戦乱の世を太平の世に導くとともに、一国の政治・文化が中国から世界にもおよんでいくという思想である。

▼「事は必ず心にもとづくものであり……善く我を言う者は必ず物に乗ず」　事とは事実を検証することであり、それには心が大切である。法とは人に基づくものであり、それには人を大切にする法をとることである。今は必ず古に基づいており、それには古をよく知ることによって今がわかる。外物は我(自己)があってこそ存在しており、我をよく知っている物は必ず物によっている。

あり、善く人を言う者は必ず法を資り、今は必ず古にもとづくものであり、よく古を言う者は必ず今を験し、物は必ず我にもとづくものであり、善く我を言う者は必ず物に乗ず」▲という四原則をあげている。ここには現実の治を研究するには、政事を大切にする心と、法を作成する人と、古から今にいたる治の変遷と、自己(主観)は外物(客観)によって規定されることを知ることと述べている。

さらに源は「治経の儒と明道の儒と政事の儒は、また泮然《はんぜん》三途」と述べた。これは経書・道学と政事の研究は分けて考えるべきであると明言したものであり、ここに政治を学問研究の一分野として重視した姿勢がみられ、これは画期的な思想であったといえる。この治の原則を述べた源は、治の内容について歴史的変遷にもとづいて考察する。治は後世に向けてどんどん変化していくものであり、あとになるほど民にとって便利になっていくという。それは税制においては、租庸調から両税へ、両税から一条鞭法に移行し、用人においては、郷挙里選から門望へ、門望から考試に移行し、役制においては、丁庸《ていよう》から差役《さえき》へ、差役から傭役に移行し、兵制においては、丘甲《きゅうこう》(春秋魯の田賦の法として丘から出す兵賦の意)から府兵に、府兵から彍騎《かくき》(唐代の宿営兵の意)・営伍《えいご》に移行していくように、それはあらゆる制度においてもみられるというのである。

それでは現代においてなにが治政に大切かといえば、それは国家を富強にすることと民生の安定をはかることであり、そのためにはそれを担う官吏の行政が肝要であるという。官に不材(役に立たないことを平気でやる心)がなくなると国の基礎は定まるし、国境にまで法令が行きわたると国の勢いは強くなるというのであるが、これには実務を重んずる官が競い合い、法令がすみずみまでゆきわたることによって国が富強になると述べている。これをはばむ要因として人心のなかにある寐《び》患(ちょっとした悪習)と人材の虚患(うわべだけのむなしさ)をあげている。寐患を去るとは偽《にせ》・飾《かざり》・畏難《なんぎをおそれる》・養癰《こそくなこと》・営窟《かくれごと》をなくすことであり、虚患をなくすには「実事を以て実功を程《はか》り、実功を以て実事を程る」▲(現実の事に対応して効果のあることを求めることである)といっている。

源がもっとも批判の対象としたのは、実事実功を無視して寐や虚のみに専念し、富貴になることのみを望んで国計・民生の何事なるかを知らない官吏であった。源の求めたのは、国を富強にし民生を安定させる行政であった。それで

▼実事実功　実事とは実際の事柄をいうが、求是と結びつき、清代では経学復興に際して、事実にもとづいて事物の真相を求める意に用いられた。実功とは、実際の手柄の意味として古代から用いられていたが、宋代以降実利思想と関連されて用いられた。そして更に中国近代の利益追求の問題が、経世致用を旨とする「事功(成果)」の視点と結びつくようになった。

は実事・実功とはなにかといえば、国や民を利する行政である。これは利民こそが利国のゆえんであり、利国こそ利家のゆえんであり、それが結局おのれを利することであると述べたが、名目上利を軽視する儒教思想に対しても画期的な転換をなすものであった。この実事と功利の尊重という思想は、宋代以降、義理との関係で儒学者の間で論じられてきた問題であるが、これを経世(政治)の理論として位置づけ、それを政策論の根拠としたのが魏源であった。

漕運

源は以上の経世観にもとづき、青年期から壮年期にかけて著名な経世官僚の幕友として政策を提言し、晩年は自らが行政官として行政の弊害除去と改革に取り組んだのである。魏源が政治課題として重視したのは、用人(官吏任用)・吏治(官吏行政)・理財(国家財政)にみられる弊害の除去と改革であった。用人に関しては、従来の無用の学が課せられる科挙制度をみなおし、実務を重視する制度への変更を求めた。吏治に関しては、賄賂が横行する行政のあり方を批判し、国家につくす専門的な官の出現を期待した。理財に関しては、財政を危機的状況にしていた漕運・水利・河工・塩政・通貨・兵糧などに対する抜本的な改革を求めた。これを実施してこそ財政が充実するだけでなく、民の生活も安定するというのが彼の考えであった。

源は「東南の大計は塩と漕を以て最となす」と述べたが、まず漕運に関しては、それまでの河運に対して海運を提唱した。その根拠は、河運は剥浅《はくせん》(浅さの乱れ)・過閘《かこう》(舟をとおす門)・過淮《かわい》(淮河の通過)・催漕《さいそう》(運送をせきたてる)・通倉験米(通州の倉庫での米の検査)に費用がかかり過ぎであり、これにより旗丁が官吏に賄賂をもとめ、官が民を無理強いしている。そこへ一八二四(道光四)年、南河が高家堰《こうかえん》で決壊し、河道が浅くなって通行が困難になった。そこで海運の議がおこなわれ一時実施されたが、これによって漕運関係の数百万人の生計が失われたこともあって、河運に関係する人々が反対し、河運が復活した。

しかし海運実施を上奏した江蘇巡撫陶澍、布政使賀長齢も極力これを進めることに尽力したこともあり、この二者の幕友であった源が「籌漕篇」をまとめた。そのなかで源は、海運は天下の勢であるといい、地勢・事勢・時勢の面から、これは都が前代の沿河から海辺に移行したのと軌を一にしていると説いて

▼「ただ海運……元気を培うべし」　海運だけが東南（江南）の民の財力となるもので、海運こそ国家の根源的な精気を養い、育てるものである。

▼陶澍（一七七八～一八三九）　湖南省安化県の人。一八〇二年の進士。二三年に安徽巡撫、二六年江蘇巡撫になり、漕運事業に取り組み、英和の海運策を支持。三〇年に両江総督となり、塩政の改革を断行した。

いる。源の構想では、蘇・松・太倉の漕だけでなく、浙江・淮揚・湖広・江西の漕も海運によることを明らかにした。源の海運策は、後年江蘇巡撫陸建瀛に「ただ海運ふたたび東南の民力を造るべく、ただ海運国家の元気を培《つちか》うべし▲」と進言して取り上げられ施行にいたっている。

塩政

次に塩法であるが、これについては両江総督陶澍▲の塩政の改革に貢献している。当時塩は専売制であり、政府から特権を与えられていた綱商が塩の販売を独占していた。塩税は田賦とともに国税の二大収入であり、綱商はこれによって大きな利益をえていた。綱商と結託して利益を貪っていたのが、これを担当する官と胥吏であった。このことが国家の税収を減らし、商人の活力を失わせるとともに、塩価が高すぎ、人民の生活苦を増進させる結果となった。源は当時久しく塩政の中心都市揚州にいたので、その状態を詳細に観察した。すると塩価の高騰は密輸者を増加させ、それが塩政を日々崩壊させる結果となった。この状態をみて陶澍は「官塩販売の価額を下げなければ私塩に対抗することは

▼**票法**　塩運使の発行した票によって塩の販売ができる(票塩)法で、これにより塩引のいくことができない地方で塩を販売することができた。票法の実施で民販が増加し、運送費も減り、官塩価を大幅に下げることができた。

行塩図

できない。官塩価を下げるには塩の保存や運送に要する費用を下げなければならない」と考え、ここに票法▲の実施をおこなう。票法とは、官塩価格を私塩価格にまで下げるために、綱法による塩業の独占権を廃して一般商人に開放するという画期的な改革である。陶澍はこの案を一八三二(道光十二)年の十二月に上奏し、認可をえて翌年に淮北塩政から実施した。

この改革案を終始側面から援助していたのが源であった。さらにこの案を淮南にまで広げようとしたが、病のため官を辞し実現にはいたらなかった。陶澍死亡後、源は「籌鹺篇」を著し、それを陶澍の後任に上奏した。このなかでも源は、古より塩場での私商を捕える法はあるが引地での私商を捕らえる法はないので、減価してこれに対抗するのみと述べ、価額を公平にし、不正経費を裁した淮北の成法を淮南に施し、さらにはそれを浙《せつ》(浙《せつ》江)・粤《おう》(両広)・蘆《ろ》(直隷)・潞《ろ》(河東)まで施行することを提案したが、後任には陶澍ほどの見識もなく、実行されなかった。四九年に総督陸建瀛が源の策を取り上げたため塩価が下がり、農民は歓声雷動したといわれている。このようにして綱法から票法へ塩攻は着々と進んでいった。

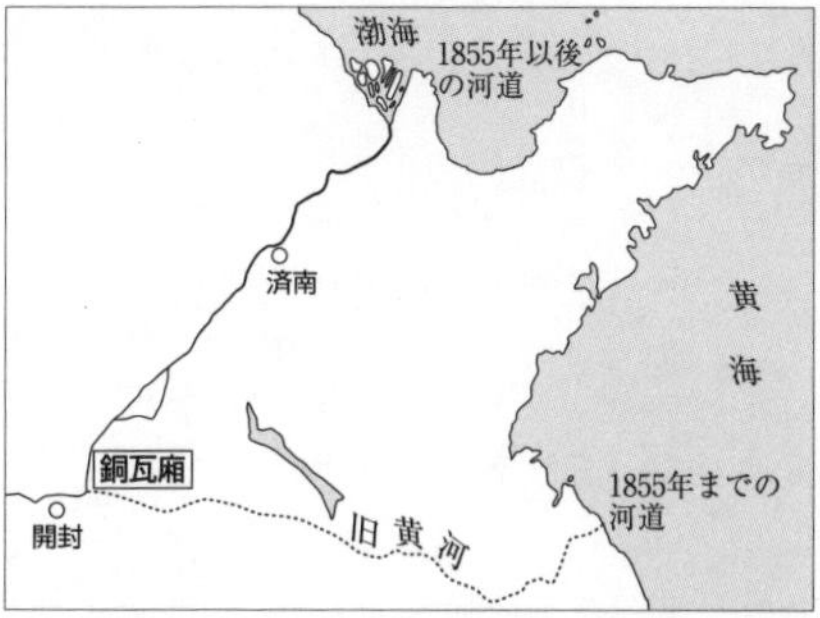

黄河の流れ

河工

次に河工についての策である。源は「籌河篇《ちゅうかへん》」を書いて、黄河治水のあり方を追究した。源は、堤防構築に重きをおき黄河の治水を軽んじることにより問題が生じ、川の工事費用は考えるが国家財政は考えないことにより財源が不足してきていると述べ、黄河の治水は堤防を強化するだけでなく、流路の変更を考慮に入れて考える必要があり、それには当時山東省の南より入海していた本流を変更して山東省の北より入海する流路を指示する大胆な構想を提案した。

黄河の治水は伝説の王である禹の時代から重要な課題であり、古《いにしえ》よりしばしば流路を変更してきた。元朝の一三二四(泰定元)年、流路が南流して淮河に通じてから、河患がしばしば起こるようになった。黄河が北へ向けて決壊する場合、必ず張秋で突き破って運河を横切り大清河を通って山東省の北へ入海するので、大清河を黄河の本流にするべきであるというのが源の策である。ところがこれが無理な理由は、河員・河兵のポストや経費が削減されることを恐れる者がおり、またそのほか河工に頼って生活している人々が河が北に移るのを恐れているからである。これに対し源は漢の武帝の時の丞相田蚡《でんぶん》の「河決（川の決壊）は皆天意にして、未《いま》だ人力を以て強塞し易からず（強力にふさぐのはたやすいことではない）」という言葉を引用し、「国家の公を利すれば、則ち臣下の私を妨《さまた》ぐるは、固《もと》より古今の通患ならん哉」（国家にとって利はあっても臣下の私を妨げるものは、もとより古今をつうじ心配事である）といった。

源が流路の変更を主張したのは、当時の河流の状況を歴史的地理的視野のもとに克明に研究したからであり、今のままでは黄河は必ず北流すると予言し、それを天意であると結んだのである。事実黄河は一八五五（咸豊五）年、源の六十二歳のとき、銅瓦廂《どうがしょう》▲で決壊して北流し現在にいたっている。源の予言がみごとに的中したといえよう。さらに六二（同治元）年、李鴻章《りこうしょう》が黄河の北流と江南で徴収した米の海上輸送を決定すべきことを提案し、これが議決され、源の構想が実を結んだ。もっとも黄河が流路を変更しても決壊はしばしばあり、水害の完全な解決にはいたらなかったが、大筋として源の主張は正しかったといえるし、河工・河運関係に要する国費のむだを相当減ずることができたことは確かである。

▼**銅瓦廂**　河南省蘭封県の西北にあり、黄河はここで決壊する。

源は当時の財政を整頓する策として財源案と引きしめ案をあげている。財源案として開鉱によって金銀を増し、墾屯によって食糧を豊かにすることをあげている。これは当時白銀が日々少なくなってきており、銀価が高騰し、当時の税も兵糧もすべて銀で換算していたため、財政にも家計にも大きな影響を与えていたからである。源はそこで洋銭を鋳造することや、玉幣・貝幣をつくることも提案しているが、実施にいたっていない。財政の引きしめ案としては、漕運・河工などにみられる経費やポストの削減、それにそれらに関係する官員や胥吏、運送業者などの中間利殖を禁止することなどをあげている。

以上、源の財政政策で注目すべきことは、単に弊害の除去だけでなく、富国のための実利追求を重視した点である。そのため漕運において海運を主張したのは、河運における旧来の弊害を除去する一方で、海商の活動を容認し、塩政では票法によって塩の販売を自由商人に解放するなど、規制緩和によって経済活動を促進した。これには清末江南や広州などを中心に台頭してきた自由商人の活動が背景にある。これら商人の営利追求を容認したことは、それまで「末富」として軽視していた商利を盛んにすることが、国富と民生にとって肝要であるとする経済観を示すものであった。

『皇朝経世文編』と『聖武記』

魏源は一八二五(道光五)年の秋、江蘇布政使賀長齢の委任を受けて『皇朝経世文編』一二〇巻を編纂する。この書は清初から道光にいたる優れた官・士・民の経世に関する学術書である。内容は、学・治・吏・戸・礼・兵・刑・工の項目ごとにまとめられている。その目的は当代の急務を取り上げることにあり、源が経世に関する学と治を重視していたことがわかる。

漕運は戸部に含まれるが、河運に関するから工部にも関連しており、水利は工部に含まれるが、水利にかかわる農田を救うことに関しては戸部に関連している。倉儲(貯蔵)・保甲は吏部にかかわっているし、宗法・家教は行政上の職務は礼部に属すなど、各部の相互関係に注目している。この源の『皇朝経世文編』に続き清末には次々と経世文編の編纂▲がおこなわれた。これは経世という用語が政治改革を意味することを示している。

ついで源は『聖武記』の研究に着手する。それは礼部の試に応ずるために都

▼**清末の経世文編**

(1) 張鵬飛編　一八五一年
「皇朝経世文編補」
(2) 饒玉成編　一八八二年
「皇朝経世文編続集」
(3) 管窺居士編　一八八八年
「皇朝経世文続編」
(4) 葛士濬編　一八八九年
「皇朝経世文続編」
(5) 盛康編　一八九七年
「皇朝経世文続編」
(6) 陳忠倚編　一八九八年
「皇朝経世文三編」
(7) 何良棟編　一九〇二年
「皇朝経世文四編」
(8) 求是斉編　一九〇二年
「皇朝経世文五編」
(9) 麦仲華編　一九〇二年
「皇朝経世文新編」
(10) 邵之棠編　一九〇一年
「皇朝経世文統編」

に行った際に、史館秘閣館の書や士大夫私有の著述を借覧できたからである。源は国初から現在にいたる歴史に関心をもち、民力物力の盛衰や、人材風俗の進退消息の本末を探った。『聖武記』が完成したのは、清朝がアヘン戦争に敗北した一八四二(道光二十二)年である。この書の序文で「物の恥は以て之を振うに足り、国の恥は以て之を興すに足る」と述べ、物恥・国恥の気持ちでもってイギリスに抵抗することを呼びかけている。この書は清初から嘉慶・道光年間(一七九六～一八五〇)にいたる清朝の歴史を記述したものであるが、清朝が盛世から衰世に向かう過程を独自の史観により分析している。つまり、清初から乾隆までは才能・学問のある人が進んで自分の意見を述べたので軍事と行政はおさまり、人心は整い、国威は強くなったが、嘉慶以降は人心が腐敗し、国威も弱くなったので、乱れた世をおさめる道と時弊を正す策を求めることが大切だといっている。源はこの書で、海防・戦守・練兵・籌餉《ちゅうしょう》(軍費をはかる)の面からその策を述べている。

▼**物恥**　「治篇二」にある言葉。心性・礼義・万物一体などを説く者が、民の生活・政治・国防などにかかわることを学ばない態度をいう。

▼**国恥**　国難に際して、それにあたる人が廉恥の心をもつことが大切である、といっている。

『海国図志』

『海国図志』と『元史新編』

一八四四(道光二十四)年、源は『海国図志《かいこくずし》』五〇巻を完成させた。この書は源が林則徐からゆずり受けた『四洲志』を底本として、歴代の史志および明以来の島志、それに外国語で書かれた外国に関する書や新聞を加えて書いたものである。その三年後の四七年に六〇巻に、さらにその五年後の五二(咸豊二)年に一〇〇巻本に増補する。源はこの書が昔の人が書いた海図の地図とどこが異なっているかと問われたのに対し、この書は西洋人が西洋を語ると述べ、まさに西洋人の書にもとづいて西洋のことを記している点が相違していると述べている。

『四洲志』の原本はヒュー・マレー著『世界地理大全』▲であり、アジア・アフリカ・ヨーロッパ・南北アメリカの五大洲の主要な国々の歴史地理を紹介したものである。それとともに『明史』『元史』などの史書や謝清高《しゃせいこう》の『海録』など、中国人が記したおもに東南アジア諸国の記録、それに明清期中国に来た西欧人フェルビースト(中国名は南懐仁)の『坤輿図説《こんよずせつ》』をはじめとする地理書などを材料としている。源は序文で、この書はなにをもってつくるかと問い、

▼**『世界地理大全』**　イギリスの地理学者ヒュー・マレー(中国名慕瑞)の『世界地理全書』(The Encyclopaedia of Geography)の訳本。一八三四年ロンドンで刊行。林則徐はこの書の一部を中国人翻訳家梁進徳に翻訳させ、『四洲志』と名称(世界五大洲のうち、南北アメリカを一洲としたので「四洲志」といった)。魏源はこの書を林則徐から受け取り、これを底本として『海国図志』を作成した。

●『海国図志』

冰海
歐羅巴洲地
地中海
小西洋利未亞州
西南洋印度海
大東洋
日本
琉球

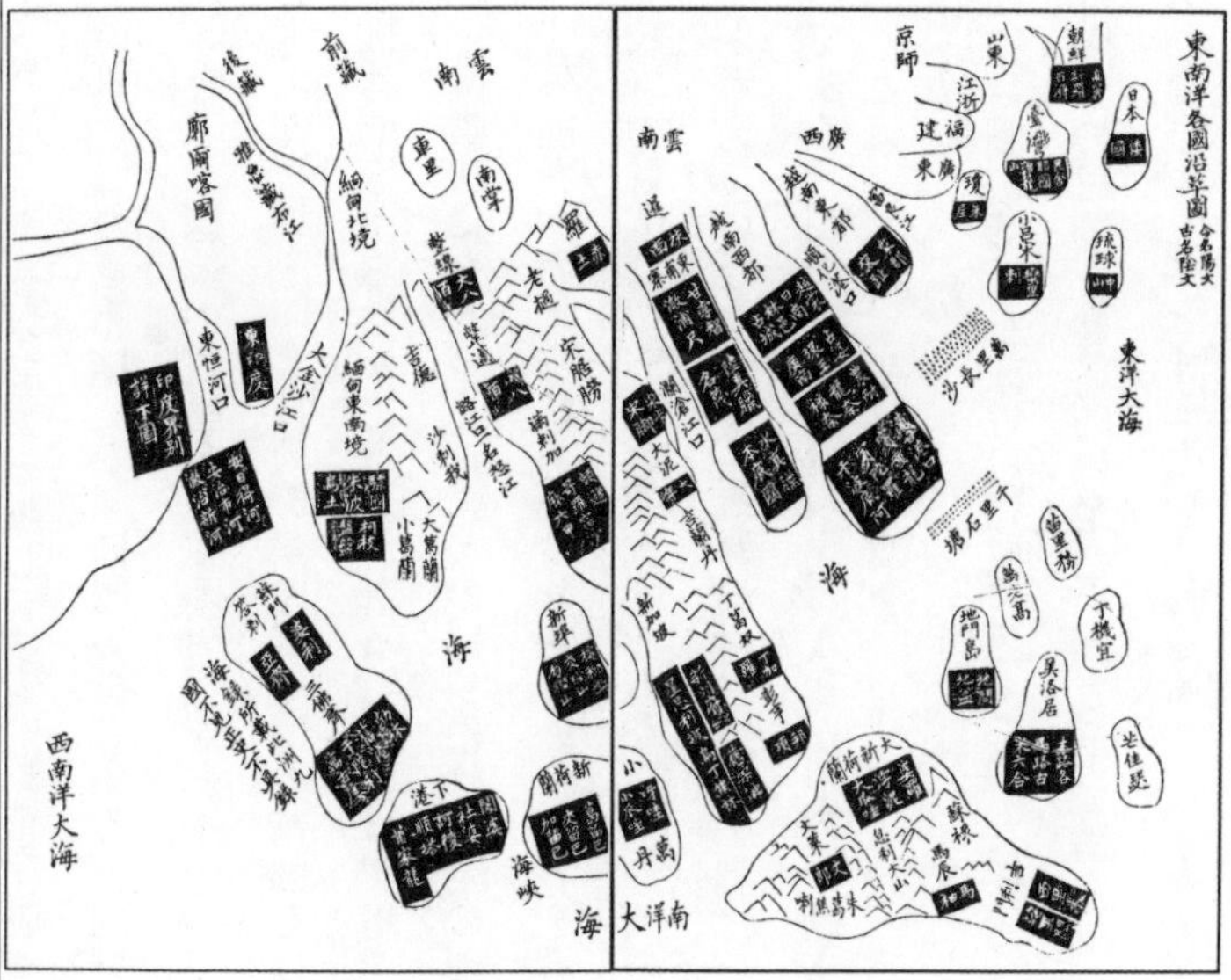
東南洋各國沿革圖
京師
雲南
廣西
廣東
福建
浙江
山東
朝鮮
日本
臺灣
琉球
東洋大海
萬里長沙
千里石塘
西南洋大海
南洋大海
海峽

▼**奇技淫巧** 怪しく、めずらしく、わざと程度を越えたたくみさのある、という意味で、外国の技術をさげすむ言葉として清朝の公文書に使用された。

「夷を以て夷を攻め」「夷を以て夷を款《かん》し」「夷の長技を師として夷を制す」の三策をあげている。この意味は、中国に関心を有する外国をあやつって中国の保全をはかること、中国との貿易を欲する外国をあやつって中国の国益を守ること、外国の進んだ軍事・産業技術を学んで中国の富強をはかることである。この源の構想は林則徐から学んだと思われる。則徐はアヘン貿易には断固たる処置をとるが、国際法にもとづく外国との貿易には一定の理解を示していた。その上にたって外国をどのようにあやつるかということを考えていた。しかし道光帝と中央政府の対応は、外国を朝貢国とみなし、外国の軍事・産業技術を奇技淫巧《きぎいんこう》▲としか考えていなかった。それに対して林や魏は、外国の技術を長技とみなしたのである。この三策を解明することが本書の基本的な狙いであったのである。

本書は最初に「籌海篇《ちゅうかい》」を設け、「議守」「議戦」「議款《かん》」の三方面を記述するが、これは序文の三策を具体的に説明したものである。「議守」では、外国人は海戦に有利な堅固な船とするどい大砲をもっているので、海口近辺を堅く守り、海戦を避けることや、客兵よりも土兵、水師よりも水勇を用いることを

▼夷の仇国を調して夷を攻む　敵である外国と対立関係にある外国と手を結んで敵国を攻略する。

▼各国と互市するを聴し、以て夷を款す　各国と貿易することを許して、その上で外国とよしみを通ずる。

『**海国図志**』(アメリカ)

提示する。次に「議戦」では、「夷の仇国を調して夷を攻む▲」とあり、ロシア・フランス・アメリカなど、かつてイギリスと戦った国々の力を利用して中国の安全をはかるとともに、条約成立後は夷の長技である造船・製砲・練兵などの長技を取り入れ、そのために広東に翻訳館を設立し、夷書を翻訳して外国の現状を知り、船廠《せんしょう》・砲局を設けて洋式の機器をまねて製造する。また「各国と互《ご》市《し》するを聴《ゆる》し、以て夷を款《かん》す▲」とあるように、外国との貿易を進めるなどを提案する。そしてアヘンに関しては内禁を厳にすることを述べている。

次に源は、世界地図や各国地図を載せたが、それらは等しく経緯度を調べて地理的位置を確定したものであり、その形式は現代の地図と近似している。これはそれまでの中華(清朝)が天下の中心であるとみる観念ではなく、科学的な根拠にもとづく地図であった。このように世界各国の地理的位置を示したうえで、その国の歴史沿革・政治制度・宗教信仰・風土人情などを記したが、なかでもイギリス・フランス・アメリカ・ロシアの紹介をもっとも詳細にした。

イギリスについては、この国が富強になった原因は商工業の発展にあり、対外・植民活動をするにあたって軍事力を背景にしていたことを指摘する。ここから中国がこれに対抗するものとして華僑に注目した。アメリカについては、イギリスから独立した点と、その政体が共和制であることに注目した。ロシアについては、その東方進出の野望を利用して、中国の安全をはかろうとするものである。すなわち、インドでイギリスと対立している清朝の属国グルカとロシアの力を利用してイギリスを牽制しようとする策である。それとともに対清貿易をめぐってイギリスと対立している米仏の力を利用すべきであるという。ロシアの東北進出については、新疆イリに追放処分を受けていた林則徐が、中国にとってロシアはイギリス以上に脅威になると警告していたが、魏源はこれを受けて『海国図志』で補っている。

　魏源は『海国図志』公刊後、増補に努め、六〇巻本には、アメリカ人ブリッジマンの『美理哥合省国志略』▲、オランダ人ヴァッテルの『各国律例』▲、イギリス人デヴィスの『華事夷言』▲、ドイツ人ギュツラフの『貿易通志』▲を用いている。さらに一〇〇巻末にポルトガル人マチスの『地理備考』▲、それに徐継畬《じょけいよ》の『瀛《えい》環志略《かんしりゃく》』などの書を加えている。とくに一〇〇巻本巻五九「外大西洋墨利加洲総説」にアメリカの民選政府および議会制度について具体的に説明している。

▼**『美理哥合省国志略』**　アメリカのプロテスタントの宣教師ブリッジマン(一八〇一〜六一)が一八三八年、シンガポールで出版したもの。ブリッジマンは中国名を高理文・裨治文といわれた。この著はアメリカに関する記述が詳細であり、とくに『海国図志』一〇〇巻本に多数収録されている。なおブリッジマンが広東在住中、『チャイニーズ・レポジトリー』という月刊誌を刊行し、そのなかで林則徐の目的がアヘン貿易の禁絶であることを述べている。この月刊誌の記事が『澳門月報』にも収録されており、その原本ともなったという説もある。

▼**『各国律例』**　オランダの法律学者ヴァッテル(中国名滑達爾)の『国際法』の一部を翻訳したもの。訳者はピーター・パーカー(三八頁参照)といわれている。一八三九年七月、林則徐に依頼されて翻訳をおこなった。時あたかも林維喜案件が生じており、則徐は国際法の研究の必要性を悟ったのである。なお『国際法』の翻訳は、パーカーだけでは不十分であると考えて、中国人翻訳家袁徳輝に重訳させている。魏源は『海国

さらにスイスの連邦制度を極めて讃美し、郷官を選んで理事とし国王を立てないのは、誠に西洋の桃源郷であると記している。ここにみられるように魏源は専制君主政体にかわる共和政体があることを指摘し、それに政治の理想を求める思想がでてきたと思われる。

一八五三(咸豊三)年、魏源は『海国図志』一〇〇巻本に続いて『元史新編』を完成する。脱稿はその三年後だが、これを作成したのは『元史』が疏漏《そろう》(手ぬかり)であるので修正を加えて再刊行したのである。それに元代の領土ははるかに広いのに旧史は多く載せていない点である。とくに元代の領域を検討研究する際に、『元朝秘史』『蒙古源流』などの中国書だけでなく、西洋人の記したものを参考にした。これはすでに『海国図志』で使用したものである。源がこのように『元史』を重視した背景には、道光年間の学術界が西北地理研究に盛んになったことと関係がある。源が『元史』研究を重視したのは、「前事は後事の師、元塞外に起こり、中原に有り、遠く遼・金の比に非《あら》ず、その始終得失は、固より百代の殷鑑なるかな」とあるように、元と同様に関外より起こって中原を支配した清朝に警告したものであろう。しかも農民反乱によって元が

図志』一〇〇巻本「夷情備採」でこの両訳を載せている。

▼**『華事夷言』**　イギリス東インド会社広州駐在の貿易監督官であったデイヴィス(中国名は徳庇時)が、一八三六年にロンドンで出版した『中国人』(The Chinese)の訳本で、イギリス人の中国問題に対する見方が記述されている。のち魏源はこの訳本の一部を『海国図志』一〇〇巻本の「夷情備採」に収録する。

▼**『貿易通志』**　ドイツの伝教士であるチャールズ・F・A・ギュツラフ(中国名郭実獵、郭士力)の著。一八四〇年出版。アヘン戦争直前の西方商業制度や世界各国の貿易事情を紹介したもの。魏源は『海国図志』一〇〇巻本「夷情備採」に本著の一部を収録する。

▼**『地理備考』**　ポルトガル人マチス(中国名馮吉士)の著で、当時もっとも重要な中国語の世界地理著作であった。魏源は『海国図志』一〇〇巻本でこの著の「地球総論」を全録しており、またほかの部分も多く引用している。

滅亡したことに注目したのは、魏源の晩年に起こった太平天国に同様のものをみてのことだろう。

『詩古微』『書古微』『浄土四経』

これら経世の書とともにその思想的根拠を明らかにするものとして『詩古微』とともに『書古微』を刊行している。この書は春秋公羊学の先がけをなした書として董仲舒の『春秋繁露《はんろ》』をあげ、董仲舒の春秋発微は公羊の微言大義を発揮し、胡母生の条例、何休の『春秋公羊伝解詁』を補うものとされている。これは董仲舒と胡母生はともに春秋を業とし、何氏が胡の条例に注釈をつけているのに、董仲舒に言及しなかった点を問題とした。ここから董仲舒の書こそ、三科九旨が燦然《さんぜん》と備わっているという。

最後に魏源が一八五四(咸豊四)年、六十一歳の時に書いた『浄土四経』について述べよう。源は中年以降、禅理に心酔し、仏をたしなむこと日に深く、自ら「菩薩戒弟子魏承貫《ぎしょうかん》」と称していた。そして無量寿《じゅ》経・観無量寿仏経・阿弥陀経・普賢行願品《ふけんぎょうがんひん》(華厳《けごん》経)などを解釈して一つの書にまとめ、浄土四経と名づけた。源は「それ王道経世、仏道出世、滞迹《たいせき》する者見て異と為すも、円機なる者見て同じとなす▲」と述べた。これに対して清末の仏教学者楊文会《ようぶんかい》▲が「重刊浄土四経跋」のなかで「魏源の経世の学は誰でも知っているが、源の心のなかには、浄土を求める精神があり、それを本体として実用に役立つ経世を求めたことについては知られていない」と述べているが、源の心のなかには経世と出世は一体の関係であった。魏源は居士《こじ》(仏教信者であって僧ではない)であったが、禅理をつくすことによって円機(諸法をあまねく融和して円満に仏果をえること)にいたると考えていた。そしてこの境地に達するには、念仏を一心不乱に唱えればあまねく華厳海いっさいの法門につうずることになるという。

魏源は晩年死亡するまで経世の志をもち続け、その精神を安定させるために禅と念仏に執心した。この『浄土四経』は清末の仏教研究者にも大きな影響を与えたが、激動の時代に生きた人々がその精神的拠り所をこの著に求めたのはうなずける。

▼それ王道経世、……同じとす 王道の説く経世と仏道の説く出世では、淀んだ心には異なったもののようにみえるが、諸法をあまねく融和してすみやかに良い結果を得る点では同じである。

▼楊文会(一八三七～一九一一) 安徽省石埭《せきたい》県の人。楊の仏教は華厳・唯識などの教理にもとづいて浄土信仰に救済を求めるものであり、その点、源の思想に通じるものがある。さらに楊の教えは康有為・梁啓超・譚嗣同らの改革派にも大きな影響を与えた。

④—林則徐・魏源が後世に与えた影響

清末中国に与えた影響

ところで魏源の著述した書のうち、『聖武記』と『海国図志』については同時代の経世に関心のある士人が種々の見解を述べている。とくに源と同様、海外諸国の紹介を記した徐継畬《じょけいよ》▲の『瀛環志略《えいかんしりゃく》』と『海国図志』はよく比較される。『志略』が『図志』より地理学的要素において秀でているが、反面『図志』にみられる外国事情を研究して経世に役立てるという観点はやや稀薄である。汪《おう》士鐸《したく》はこの経世の観点からみると、源の歴史地理学は誰よりも優れていると評価する。汪士鐸は経世家として太平天国の乱の時期、胡林翼《こりんよく》・曾国藩《そうこくはん》の幕友《ばくゆう》として活躍した人物である。この時期、李鴻章《りこうしょう》の幕友として政策を進言した馮桂《ふうけい》芬《ぶん》▲も『図志』の示す「夷の長技を師とす」という策の意義を述べている。

李鴻章が太平天国鎮圧とともに始まった「同治《どうち》中興期」に、外国書翻訳・研究を本格的に実施するための「同文館」を設置し、外国の軍事・産業技術を導入するための企業を起こしたのも、源の遺意であった。またこの時期、李同様、

▼**徐継畬**(一七九五～一八七三)　山西省五台県の人。一八二六年の進士。翰林院編修、三六年御史に任ぜられ、以後各地の知府、道員、按察使等をへて、四三年に福建布政使、四七年福建巡撫になる。この間アモイに行きアメリカ人宣教師アビールから世界地図を借り、各国の地名考証をおこなう。のち一時失職したが、一八六五(同治四)年、召されて理藩院に入るとともに同文館にも招かれた。

▼**馮桂芬**(一八〇九～七四)　江蘇省呉県の人。一八三二年の挙人、四〇年の進士。翰林院編修を務める。魏源とは在京時と揚州で会っている。『海国図志』の草文の校正をおこなう。六二年李鴻章の幕友として同治中興に貢献。

『海国図志』部分

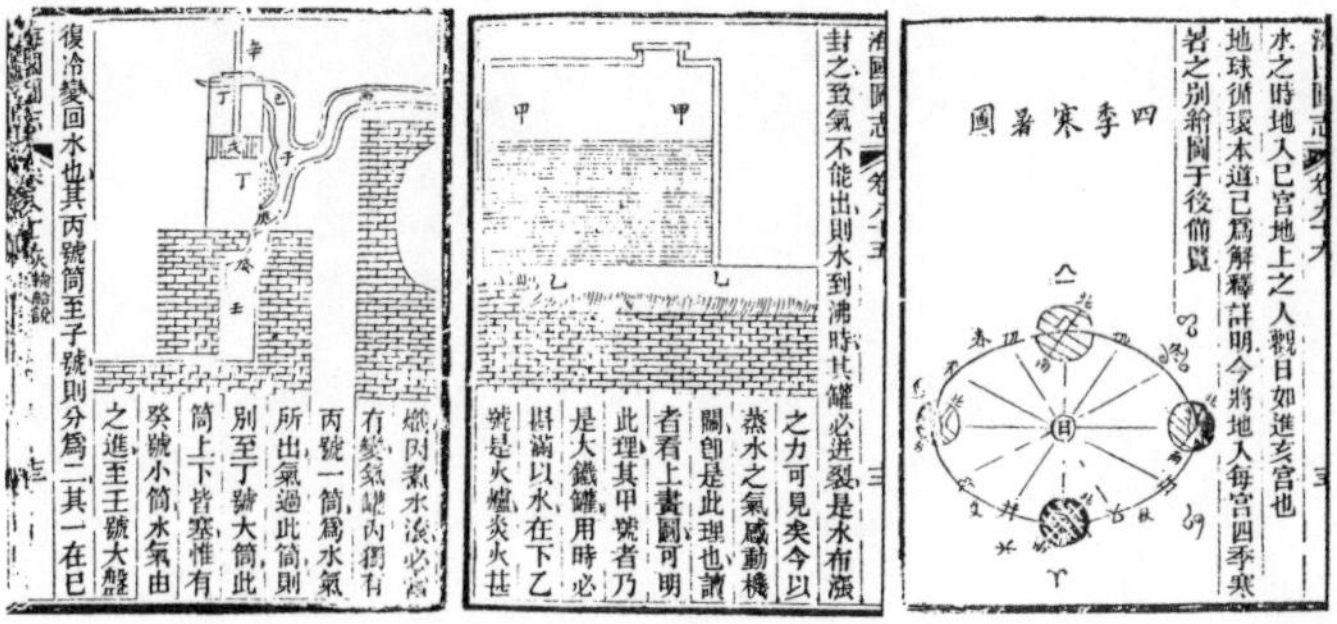

外国に見習って蒸気船製造所を設置した左宗棠《さそうとう》も『図志』を読み、外国の長技を師とするという策の意義を痛感したという。『図志』をつくった魏源が死んで二十年たったが清朝のやっていることは前と少しもかわらない。ようやく蒸気船製造所をつくって、源の策が実現にいたったが、こんなに遅れたのは源のいう人心の寐《び》患と人材の虚患(七十七頁参照)のためと左宋棠は述べている。

その後、日本が立憲制度を確立し、軍事・産業面においても発展していくなかで、日清戦争敗北後、日本の明治維新に倣って変法を実施する意義を説いた康有為《こうゆうい》など下級士人が登場し、戊戌《ぼじゅつ》新政が発足したのである。康有為は、『図志』『志略』は西洋の書をおさめて西洋を講じるもととなった書といい、その長技を師として夷を制す説を唱えたのは変法の萌芽であったという。ただ、やはり有為の同志であった譚嗣同《たんしどう》は、源の「以夷攻夷」の策はイギリスのみを警戒して、ロシアさらには日本に対してもその脅威を論じていなかった点からみて、今では通用しない策だといっている。

これら清末の変法論者はいずれも「公羊学《くようがく》」を変法の論拠としていたが、源に始まった公羊学への政治への適用が継続していた点に留意したい。源は公羊学にもとづいて経世を説いたが、この経世という用語こそ清王朝崩壊まで政治改革を示すものであった。この点、康有為を批判した張之洞《ちょうしどう》ら伝統教学としての義理学▲を尊重する人々も経世をやはり重視していたのである。之洞は源について道光《どうこう》の末に多くの外国の本や新聞を訳して『図志』をつくったのは中国の西政を知るきっかけだと述べ、この点康有為・梁啓超《りょうけいちょう》の見解と一致している。ただ張之洞が康有為を批判したのは、有為が考え出した変法の論拠としての「公羊学」は、その本意を離脱したものであったという点にあった。変法失敗後、経世の根拠としての公羊学は論じられなくなり、そのうえ儒学(理学)そのものも清朝支配体制の終末とともに政治理論としての意義を失っていった。

幕末日本および李朝末期朝鮮国に与えた影響

幕末期日本には、開国を求めるイギリス・ロシアなどの船が近海にあらわれるが、幕府は鎖国を維持するため異国船打払令を出す。最初は一七九一(寛政三)年、幕府は外国船取扱令▲を出していたが、この法令は一八〇八(文化五)年のフェートン号事件の際にも適用されていた。しかし外国船の来航がいっそう

▼義理学　清末、龔・魏に始まる公羊学を根拠として経世を説く一派と、曾国藩に始まる義理学(実用を尊重する朱子学)を根拠として経世を説く一派があった。

▼外国船取扱令　外国船を穏便に帰帆させる法令

増加したこともあり、二五(文政八)年には打払令が発布された。これが廃止されるのは四二(天保十三)年で、まさに清朝がアヘン戦争に敗北して南京条約を締結した年である。清朝がこの戦争に敗れたという情報は、長崎に来ていた清国の商人やオランダ人から入手したものであり、これらの情報をもとに開明的な幕府の役人や志士たちがアヘン戦争に関する研究を始める。

ところで当時の日本は、内政においても天保の飢饉が進行し、一八三七(天保八)年、大塩平八郎▲が農民救済のため兵を起こして失敗している。この大塩とも親交があり、やはり農民救済を訴えていたのは斎藤拙堂《さいとうせつどう》▲であるが、彼が愛読していた書物が顧炎武《こえんぶ》の『日知録《にっちろく》』と魏源の『皇朝経世文編《こうちょうけいせいぶんぺん》』である。拙堂は『日知録』を経世の書であると述べたが、この著にみられる経世の意をくんで編纂されたのが『皇朝経世文編』であると考えた。この著を手に入れた拙堂はこの書の序文を書くとともに、『文編』に載せられている数篇の文を取り上げ、これが経世を志す者の必読の書であると述べている。拙堂は隣国清朝の政治・経済の実情とともにその改革をめざす士大夫の意見を集約した経世文を研究することによって当時の日本の政治・経済改革に少しでも役立てることが

▼大塩平八郎(一七九三〜一八三七)
江戸後期の儒学者。大坂町奉行所与力を退職後、私塾洗心洞で教育と著作をおこなう。一八三六(天保七)年、天保の飢饉に際して救済策を訴えたが入れられなかったため、蔵書を売って窮民を救い、翌年挙兵したが一日で鎮圧され自殺。著に『洗心洞箚記』などがある。

▼斎藤拙堂(一七九七〜一八六五)
江戸後期の儒学者。津藩士。昌平黌に学び、のち藩校で教授。蘭学や種痘・西洋兵学の導入をはかる。また『海外異伝』等を著して海外情報を紹介したり、海防策を講じたりした。

できると考えていたのである。拙堂自身も「救荒事宜《きゅうこうじぎ》」を叙述して飢饉対策を述べているが、幕府にあっても水野忠邦《みずのただくに》が老中になって二年後の四一年、天保改革による「人返し令」によって農業復興策が講ぜられている。

ちょうどこの時期に清朝がアヘン戦争に敗北した情報が伝わり、その経緯を述べるとともに、自己の見解を最初に明らかにしたのは斎藤竹堂《さいとうちくどう》▲であった。これが『鴉片始末《あへんしまつ》』一巻である。この竹堂の書を読んだ拙堂は、清朝のおごり過ぎがアヘン戦争の敗北をまねいたと述べ、日本人も他国を蔑視することは自戒すべきだといっている。拙堂もまた当時日本に開港を求めてやってきた、おもにロシアとイギリスを意識して「海防策」を書き、両国の国土は広大だが、備えを十分にすれば恐れる必要はないと述べている。

このように清朝のアヘン戦争敗北直後、竹堂や拙堂、さらには佐久間象山《さくましょうざん》▲など開明的な志士がこの戦争について研究を始めていたが、そこに伝来したのが『海国図志』であり、この著によって志士の海防に対する危機意識は一挙に高まるのである。この著六〇巻本は最初一八五〇(嘉永三)年に三部渡来したが、キリスト教に関する記述が鎖国政策をしていた日本によくないという理由によ

▼斎藤竹堂(一八一五～五二)　江戸後期の儒学者。仙台藩士。昌平黌で学ぶ。一八四三年に『鴉片始末』を著すなど、海外事情に強い関心を示した。江戸で私塾を開くも、まもなく死去。

▼佐久間象山(一八一一～六四)　幕末の思想家・蘭学者。信濃国松代藩士。佐藤一斎に学ぶ。藩主に海外事情研究を命ぜられ、海防問題に取り組むとともに、江川太郎左衛門に洋式砲術を学び、藩主に「海防八策」を提出。のち江戸で兵学・砲術の塾を開く。ペリー来航の際に老中阿部正弘に「急務十条」を提出。一八五四年には門人吉田松陰の密航未遂に連座して蟄居、その間に『省諐録』を著す。六四年尊攘派の者に暗殺された。

▼箕作阮甫(一七九九～一八六三)　幕末の蘭学者。津山藩士。京都で漢方医学、ついで蘭学を学ぶ。医学書の翻訳に力を注いだ。対露交渉に参画したほか、ペリー応接で翻訳官を務めた。一八五六年蕃書調所創設されるや教授職となる。海外情勢の研究に力を入れ、『海上砲術全書』を共訳するなどした。

って禁書になった。これより先、魏源の『聖武記』は四四(弘化元)年に入荷し、それが国内で販売されるようになったのは四八(嘉永元)年で、志士の間で講読されている。箕作阮甫《みつくりげんぽ》▲・広瀬旭荘《ひろせきょくそう》▲・斎藤拙堂はともに『聖武記』を読み、とくに「武事余記」を研究している。なかでも「軍儲篇《ぐんちょへん》」の興利・節用(八六頁参照)を説く論説に注目した。旭荘は拙堂の海防策を評価し「清に魏源あり、吾に公あり」と拙堂を魏源に比している。さらに旭荘は「魏源が聖武記、林則徐が海国図志の如きは、有用の書にして他の比にあらず」と称賛する。

一八五三(嘉永六)年、アメリカのペリーが黒船を率いて来航し、五四年、日米和親条約が締結される。その前年『海国図志』はふたたび輸入され、幕府の認可をえて、この書の研究が盛んになっていた。アメリカそのほかの諸国と和親条約を締結した老中阿部正弘《あべまさひろ》▲や海防掛川路聖謨《かわじとしあきら》▲らは『聖武記』を読み、とくに魏源の序文にある人材抜擢論や「軍儲篇」の財政論に注目した。川路はそのなかで魏源の「物品・金銭が足りなくなっているのは、国が貧しいのではなく、人々が競わないことが貧しいのだ」という説が良いものであると述べている。またイギリスに侵略されても目覚めぬ清人に対して、「精密な学問である朱子

▼**広瀬旭荘**(一八〇七〜六三)　江戸後期の儒者・詩人。豊後日田の人。兄淡窓らに学ぶ。一八三一年淡窓にかわって咸宜園を経営。そののち、博多、長崎等を遊歴したり、江戸に出て林述斎の門に入るなどした。門人には勤王家が多く、佐久間象山・月照・桂小五郎・吉田松陰らと親交があった。

▼**阿部正弘**(一八一九〜五七)　幕末の老中。備後福山藩主。一八四三年老中となり、以後長期間その職にあった。ペリー来航の時、開国策をとり、五四年には日米和親条約に調印した。そこでは川路聖謨、永井尚志、岩瀬忠震らを登用した。阿部の政策は井伊直弼らの抵抗をまねいたことから、五五年に老中首席から退いた。

▼**川路聖謨**(一八〇一〜六八)　幕末の幕府官僚。一八五二年、露使応接掛として長崎に出張。五四年下田でプチャーチンとの間に日露和親条約を調印するなど外交面で活躍した。五八年、老中堀田正睦に従って上京し、朝廷に日米修好通商条約調印の承認を求めたが失敗し、ついで安政の大獄に連座して失脚。

学のための議論に走り、実用の学問をおろそかにするからである」ともいったが、これも魏源の著書を読んでの感想であった。そのうえ、阿部・川路は『海国図志』の「籌海篇《ちゅうかい》」やイギリス・アメリカに関する部分を講読し、対外政策の参考にしようとする。▲

一方志士の間でもこの著の独自の研究が進み、拙堂は「制虜事宜《せいりょじぎ》」のなかで次のように述べている。このたびアメリカと交易を許したら、その他の国も争って互いに交易を求めてくるだろう。そうなると二〇〇年にわたり日本と交易していた清やオランダの利益は減るので不満の心をもつだろう。その他の国々も争って交易を求めてきて、お互いに仲が悪くなるだろう。そのとき我は高見にて見物し、その形勢情態をしらべながら夷狄を以て夷狄を制す策もでてくるに違いないと述べたが、これはまさに『海国図志』の序文にみえる「夷を以て夷を制す」を参考にした論述である。

佐久間象山は、魏源について、「ああ予と魏とはおのおの異域に生まれ、姓名を相識らざるに(略)真に海外の同志というべし」と述べ、列強の進出に苦しむアジア人としての連帯感を表明している。その一方で象山は、魏源の説く海

▼イギリス・アメリカについての資料　一〇〇巻本に資料として使用された『美理哥国志略』は五四年広瀬達によって「亜米利加総記」として翻訳されている。また正木篤によって「英吉利国総記」も和訳され、さらに大槻禎によって「俄羅斯総記」も刊行されている。

防策としての銃砲の説は「粗漏無稽《そろうむけい》（大ざっぱででたらめ）にして児童の戯嬉《ぎき》の為のごとし」として、その幼稚なことを指摘している。象山には洋学からえた実際知識にもとづいてつくられた砲術があり、その自信からきた言葉であろう。ちなみに象山は川路の学問上の師であり、公武合体論者であった。

また象山同様公武合体論者であった横井小楠《よこいしょうなん》▲もまた『海国図志』を熱心に研究したが、小楠がもっとも関心をもったのは、魏源がアメリカの政治形態にみられる合議民主制と大統領制について述べた点である。小楠には『国是《こくぜ》三論』という著があるが、そのなかでワシントンが大統領の地位を自分の子でなくアダムスにゆずった記事を読み、これを「堯舜《ぎょうしゅん》の治」だと喜んだという。またアメリカ篇でしばしばみられる公挙・公選・公議という言葉に注目し、アメリカの政治が衆人が選んだ者により公正・公平におこなわれることに特色があるとし、その合議民主制に注目する。

アメリカとは一八五八（安政五）年に日米修好通商条約が締結されるが、それを推進したのは大老井伊直弼《いいなおすけ》▲であり、ここから尊王攘夷を提唱する志士と幕府との間に熾烈な争いが生じ、それから十年後の明治維新へと向かうのである。

▼**横井小楠**（一八〇九〜六九）　幕末の儒学者。熊本藩士。藩校時習館で学んだのち、江戸に遊学。一八四一年に「時務策」を著し藩政を批判。また実学党を結成。私塾で教えた。五二年、越前藩のために『学校問答書』を著す。ペリー来航後には攘夷論から開国論に転じた。五八年、越前藩主松平慶永にまねかれ、富国策を実施し、『国是三論』を著す。六八年、新政府にまねかれ上京するが、尊攘派の者に暗殺された。

▼**井伊直弼**（一八一五〜六〇）　幕末期の大老。近江国彦根藩主。一八五〇年藩主となる。ペリー来航後、開国を主張して、水戸の徳川斉昭と対立。徳川家定の継嗣問題では一橋派の松平慶永・島津斉彬らと対立。五八年大老となり、勅許なくハリスと日米修好通商条約を結んだ。その後、安政の大獄を引きおこしたため、六〇年、桜田門外の変で暗殺された。

このころ討幕に転じた尊王派の志士たちも共通の教材として読んでいたのは『海国図志』である。一方幕府にあっては、開明派の阿部は井伊就任の前年に死亡し、川路は一橋派ということで左遷されたが、洋学研究の翻訳機関である蕃書調所《ばんしょしらべしょ》は存続し、江戸学問所である昌平黌《しょうへいこう》では『海国図志』の研究は続けられた。とくに塩谷宕陰《しおのやとういん》▲・箕作阮甫は、これを翻刻した。

井伊大老就任とともに、尊王開国派に転じた吉田松陰《よしだしょういん》▲は野山獄中で「籌海篇」を読み、「清国が本当に憂《うれ》うべきは外国ではなく国内の民である。どうして魏源は一言もこれについてふれていないのであろうか」と述べ、疑問を呈している。また魏源のロシア・アメリカ・フランスの力を利用してイギリスを押さえるという「夷を以て夷を制す」という策に対しては、これは一を知って未だ二を知らざる者であり、およそ夷狄の心は利益を見て義を見ない。利益さえあれば、敵とも同盟するし、害があれば、同盟していても敵となる。これが常であると述べ、魏源の策を批判する。ここには、斎藤拙堂以来の「夷を以て夷を制す」という思想や外患の脅威のみを論じて内民についてふれていない点をついた意見がある。これは松陰が魏源の書をまったく無用のものとするのでな

▼**塩谷宕陰**（一八〇九～六七）　江戸後期の儒学者。昌平黌に学ぶ。水野忠邦に仕え、天保の改革を進めた。清国にアヘン戦争が起こるや、海防策を論じ、『籌海私議』や『阿芙蓉彙聞』を著した。一八六二年昌平黌の儒官となった。

▼**吉田松陰**（一八三〇～五九）　幕末期の思想家、教育者。長州藩士。吉田家を継いで兵学師範となる。九州・江戸に遊学する。佐久間象山に師事。一八五四年ペリーが再航した際、密航の企てに失敗し入獄。その後松下村塾を主宰し、多くの人材を育成した。五八年日米修好通商条約調印を批判しふたたび入獄。翌年江戸に送られ処刑された。

く、それを学ぶなかで日本の外交・防衛・安全のあり方を後進に伝えたかったと思われる。この松陰が出獄後松下村塾を開き、そのなかから維新を推進する高杉晋作《たかすぎしんさく》・木戸孝允《きどたかよし》・伊藤博文《いとうひろふみ》らを出したが、これら門下生の外交認識は、松陰から受けた影響が大きい。

また西郷隆盛《さいごうたかもり》▲も開明藩主島津斉彬《しまづなりあきら》▲のもとで『海国図志』を読み、海外諸国の情勢を知った。島津斉彬には自筆の『清国阿片戦争始末《しまつ》』と題する一書があり、また『海国図志』の記事を参照しながら、ロシアの極東進出の危惧を述べている。

しかし幕末開国に転じて以後、維新の主役となった開明派の志士たちは、自ら海外に留学し、また洋書の研究も直接おこなうことにより、欧米の制度や技術を会得した。それ以後『海国図志』の研究はなされなくなり、その著者である魏源の名もほとんどかえりみられなくなった。

林則徐については、幕末の日本人は、アヘン戦争に際してイギリス帝国の侵略に断固立ち向かった点を功績と称えていた。旭荘は「清咸豊にいたり、天下の半ばを失えり。併し其れ林則徐を用い穆彰阿《ぼくしょうあ》を黜《しりぞ》けしを見れば、亡国の主に

▼**西郷隆盛**（一八二七〜七七）　薩摩藩士。藩主島津斉彬に引き上げられ薫陶を受けた。尊皇攘夷運動に尽力。一八六六年、薩長同盟を成立させる。戊辰戦争では、江戸城無血開城を成しとげた。七一年明治政府の参議となる。七三年征韓論を唱えたが、敗れて辞職、帰郷。私学校を創設。七七年西南戦争を起こしたが、敗れて鹿児島の城山で自殺。

▼**島津斉彬**（一八〇九〜五八）　幕末期の薩摩藩主。曾祖父重豪の影響で蘭学に造詣が深く、洋学者に洋書を翻訳させるなどした。また有力諸大名と親交を結んだ。琉球問題を解決するなど外交にも手腕をふるった。お由羅騒動の末に藩主となる。藩政を改革し、集成館を設置するなど殖産興業に尽力した。

あらざるに似たり」と述べて、アヘン戦争の際に和平派の穆彰阿でなく抵抗派の林則徐を用いた点は評価しつつも、咸豊《かんぽう》になって天下の半ばを失った状況を指摘する。これは咸豊年間の太平天国の乱の時期のことを述べたものである。

またその侵略に立ち向かう方法として林則徐が提唱した民力用うべしという策についても、高杉晋作の奇兵隊創設になんらかの影響があったのではないか。高杉は太平天国の乱の最中に上海を訪れ、そのときの状況をつぶさに観察している。ここには林則徐を排外派としてみるのでなく、戦略に長けた憂国の士とみる見方がある。

以上、幕末の日本は清朝のアヘン戦争の敗北に衝撃を受け、その際に活躍した林則徐・魏源の行動と著述に関心をもち、それを学ぶなかで維新を推進していった点について述べた。この日本の維新に関心をもち、中国でも変法を実現しようとしていた梁啓超は、「魏氏は好んで経世の術をいい、『海国図志』を著して国民対外の観念を奨励した。かくして日本の佐久間象山・吉田松陰・西郷隆盛の輩は、みなこの書に激しく刺激されて間接に尊攘維新の活劇を演じた」と述べている。

『海国図志』は李氏朝鮮国の外交・軍事政策にも影響を与えていた。朝鮮国は清朝を宗主国として鎖国政策をとり、燕行使《えんこうし》を北京に派遣していた。その随行員に学者も参加していた。一八〇九（嘉慶一四）年、金正喜《きんせいき》▲が訪中したさい、清朝の学者（阮元・翁方綱《おうほうこう》）と交遊し、考証学や金石学を学び、それを朝鮮に伝えた。その後一八三八（道光一八）年、正使権敦仁の訪中のさい、正喜が清朝名流に寄せた手札がある。その中で源の公羊学研究について「源の論の立て方は大変優れており、経書を説明する者として言葉の使い方につつしみ深いものがある」と賛辞している。アヘン戦争直後の一八四四年権大肯《けんだいこう》一行が北京にいった際、北京に滞在していた魏源に権大肯は会った可能性がある。権は帰国後、『海国図志』を金正喜に手わたしたと思われるが、金はこの書を見た感想を領議政権敦仁《けんとんじん》に送っている。そのなかで、『海国図志』は造船術などを学ぶうえで必須の本であると書いている。

その後朝鮮国は欧米諸国や日本の開国要求を拒否はしていたが、海防の必要性は痛感していた。一八六六年、フランス艦隊が江華島を占領した際、金允《きんいん》植《しょく》▲は洋夷を防ぐために武器が精巧なことが大切であると大院君《だいいんくん》▲に献策した。

▼**金正喜**（一七八六〜一八五六）　号は阮堂。李朝慶州の名族。一八〇九年父にしたがい北京にいき、以後清儒と交流。

▼**金允植**（一八三五〜一九二二）　李氏朝鮮末期の政治家。清国に赴き朝米通商条約締結に尽力。壬午動乱の際に閔妃に加担して清国に介入を要請。日清戦争時、外務大臣となり、甲午改革を進めた。一八九六年の国王がロシア公使館に移されると親日派として追放。のち政界に復帰。一九一九年の三・一運動に関係したため、幽閉されて死去。

▼**大院君**（一八二〇〜九八）　李氏朝鮮の国王高宗の父。摂政となり内政改革を実施。外交面では鎖国政策を進めた。閔妃一族と対立し、一八七三年、引退させられた。八二年の壬午軍乱の失策によって清国に抑留。九四年の日清戦争のさい、日本軍にかつがれ九五年の閔妃殺害事件後一時摂政になったが、翌年国王がロシア公使館へ移ったことで失脚した。

すると、大院君は『海国図志』「籌海篇」に記述されている戦艦と水雷砲の製造を学ぶよう指示している。また七一年のアメリカ艦隊の江華島占領の際にも、この書の講読がおこなわれている。ちなみにこの頃より朝鮮では金玉均《きんぎょくきん》▲のような開国派が台頭しているが、金も当然のごとく『海国図志』を読んでいた。このように『海国図志』は朝鮮の開国派・反開国派のいずれにも利用された。

その場合、この書は海防面だけでなく、キリスト教布教の問題にも影響を与えた。朝鮮国では朝鮮が一七八九年、典礼問題を契機にキリスト教の布教を禁止したのと呼応して老論派が儒教を正学として崇び、キリスト教を邪学としてキリスト教徒を追放する。アヘン戦争直後、『海国図志』を手に入れた金正喜は、キリスト教に関する魏源の見解にもとづいて、「邪教の説く天と中国の説く天とは同じでないのに、徐光啓《じょこうけい》▲らが邪教の方言を翻訳して天の字を用いて愚かな民を騙し惑わせ、かぎりない害毒を流した」と述べている。大院君が一八六六年から七一年にかけて、国内のキリスト教徒に大弾圧を加えるとともに攘夷を断行した背景に、金のような文人層の反キリスト教の思想があったと思われる。しかしこのためキリスト教と結びつけて考えられていた西学の受容が遅

▼**金玉均**（一八五一～九四）　李氏朝鮮末期の開化派の活動家。号は古筠。早くから開国思想に影響され、一八八一年視察団員として来日し、福沢諭吉らと会談。八二年の壬午の乱に際しては再び来日。帰国後、外衙門協辧に就仕し、日本の近代化に学んで改革を実施しようとしたが、保守派の閔妃派にはばまれた。その後、八四年クーデタを起こして、閔妃派を追放し改革政権を樹立したが、清軍の協力を得た閔妃派の反撃にあった。金玉均は日本に亡命。その後中国におもむいたのち九四年、上海で暗殺された。

▼**徐光啓**（一五六二～一六三三）　明末の行政官、上海の人。一五八一年秀才。九七年北京での郷試に合格。この間広東省潯州滞在中、イエズス会士と親交があった。その後、マテオ・リッチの著した世界地図を見て、南京で著者と会い天主教の原理を学んだ。一六〇一年、再度上京して進士試験を受けたが合格せず、その一

方天主教に入教。〇四年進士に合格、翰林院庶吉士となった。〇七年にはマテオ・リッチと共同で、ユークリッドの『幾何学』を翻訳し、『幾何原本』として発刊。上海では布教に従事。その一方では満州族の進出に際し抗戦。二三年には、礼部右侍郎となったが、魏忠賢に弾劾され失職。のち礼部左侍郎から礼部尚書、更には文淵閣大学士に昇任。その間『崇禎暦書』『農政全書』を作成した。

れた点も指摘しておきたい。

概して『海国図志』は朝鮮国にとって攘夷、キリスト教禁止に利用される面があったが、幕末の日本は魏源の海防思想に共感し、維新運動を推進した。その際、魏源の海防策だけでなく、欧米の進んだ軍事・産業技術、さらにそれを生み出した制度にいたるまで研究したのである。

林則徐・魏源研究における現状と課題

今日国際的に激動期に入っているが、日本・中国にあってもいわゆる近代の原点となったこの時期の人物とその思想について研究することは意義あることだろう。

林則徐にあっては、一九八五年十月、林則徐生誕二百年を記念して、彼の生誕地福州において、盛大な学術討論会が挙行された。学会の主題として、中国の研究者が主要テーマとしてあげたものは、(1)林則徐の思想特徴とアヘン戦争前後の社会思潮、(2)アヘン戦争の中国近代歴史上の地位と影響、(3)アヘン戦争時期の統治階級、(4)アヘン戦争時期の中外関係、の四項目であったが、このう

▼**魏源思想研究**　魏源思想研究は、中国でも一九七〇年代になって本格的に研究がおこなわれた。それをまとめて出版されたのが、『中国近三百年学術思想論集』で、そこには湯志鈞「清代常州経今文学派與戊戌変法」、馮友蘭「魏源底思想」、呉沢「魏源的変易思想和歴史進化観点」、呉沢・黄麗鏞編「魏源海国図志研究」、一寧「魏源海国図志的主要内容和影響」、斉思和「魏源與晩清学風」が載せられている。

ち第一題が全体を貫ぬく問題提起となった。ここではアヘン戦争前後の社会思潮として、いわゆる経世思想がどのように形成され、それが林則徐の思想にどのような影響を与えたか、ということが議論の対象となった。

この思想を生み出した背景として、清末嘉慶《かけい》・道光期の内外の危機が進行するなかで、政治・経済改革を主張する士大夫と行政官が登場してきたことがあげられている。その士大夫の代表として魏源・▲龔自珍《きょうじちん》・包世臣《ほうせいしん》がおり、行政官には陶澍《とうじゅ》・林則徐がいた。これらの経世家は対内的には吏治を整頓し、財政を改革し、対外的には西方の長技を学習し、欧米列強の進出に対抗することに努めた。これら経世家が内政の改革に取り組み、一方外圧に抵抗しえたのは民生の安定と国家の安全を守るためであった。したがってこのような経世家の思想を民本主義思想であるとする見解もある。林則徐は民本主義思想をその実践のなかで形成してきたものであり、これはそれまでの皇帝独裁の専制主義思想とは相違している。また民本思想は資産階級性の側面ももっていた。さらに林則徐は中国歴代の民族的英雄と愛国者が堅持していた外国からの侮辱に抵抗し防御するという伝統思想を継承・発揚していたという。

中国では戦後中華人民共和国が成立するなかで、外国の侵略に断固立ち向かった人物として林則徐をあげ、彼を抵抗派として評価した。しかも中国にはすでに資本主義の萌芽があり、この傾向を受け継ぐ面もあったとその開明性にも注目した。この見解に対して戦前国民党政権下の歴史家のなかには、アヘン戦争と林則徐を論じ、彼を剿夷派とし、これに対して列強との和平政策を進めた穆彰阿を撫夷派として、むしろ評価する見解もあったが、その後台湾でも林崇墉といった歴史家は、林が排外派ではなく開明派であることを力説した。

　今日では林則徐の開明的側面を強調する点では、だいたい一致した見解となっている。とくに中国では文化大革命以後、開放経済が進み、洋務運動▲が再評価されるとともに、外国の優れた軍事・産業技術の導入をはかり、国際法にもとづく外交・貿易に見識をもっていた林のその面に注目する研究が定説化している。次に林がアメリカに対しても友好関係の樹立と提携を願っていたこと、またアメリカの政治法律制度、とくに大統領制を中国人に紹介したのは、彼がアメリカの資産階級民主制度を了解していたこと、さらにこの仕組みがアメリカの国家勃興・富強の原因であり、それは賢い君主の治に由来するが、この治

▼洋務運動　清朝末期の一八六〇年から一八九四年までの期間、開明的な漢人官僚(曾国藩・左宗棠・李鴻章ら)が中心となって推進した欧米の軍事・産業技術導入による近代化運動。アヘン戦争敗北後、林則徐・魏源らがすでに欧米諸国の軍事的優位を認め、欧米事情研究の必要性を説いていたが、この運動が始まるのは、清朝が第二次アヘン戦争に敗北し、太平天国の乱を鎮圧した同治年間(一八六二〜七四)からである。しかし近代化実現のためには、変法自強が必要であるという康有為らの運動が高まるなかで、この運動の限界がみえてくる。

とは中国にあっては堯舜の治であり、賢明な君主が天下をおさめることに行政の理想を求めていたという見解もあった。ただ中国の多くの研究者は、林は封建統治者であり、彼が内政面においておこなった諸政策は、基本的には清朝封建統治者の利益を守るためであったにしても、民への搾取をたくましくする封建官僚とは違って、民に対して徳政を施行した点は評価している。

総じて中国の研究者は、林の思想・政策は基本的にはそれまでの中華主義・封建主義的な清朝国家体制では、国際潮流に対処できないという開明的な自覚が生じていた点と、このような情勢下にあって清朝国家体制下に生じてきた内政の諸問題を変革するのでなければ、清朝が崩壊するという危機意識をもっていた点をあげている。

日本にあっては、第二次大戦敗北後、日本が中国を侵略していたという反省とともに戦後成立した中華人民共和国の歴史観の影響もあって、アヘン戦争以後を反植民地闘争の出発点として把握し、その解放の歴史の結節点として人民共和国の成立があるという見方が盛んであった。ここからアヘン戦争時、イギリスの進出に抵抗した林則徐を抵抗派の象徴としてみる研究が主流であった。

ところが中国にあって一九八〇年代、開放経済が進展するなかで、林則徐とその幕友であった魏源の考案した外国の軍事・産業技術導入による近代化をはかる政策を継承した同時期の漢人官僚曾国藩・李鴻章らの洋務運動を再評価するなかで、林則徐・魏源の開明性も重視されるようになった。これが先述した一九八五年の福州での学会にみられたのである。

日本での研究もこの面が強調されるようになるが、そのなかにとくに外交と連動する内政面が注目され、アヘン戦争の時期、内政改革に貢献した魏源・包世臣らの改革思想を取り上げた研究がみられた。そしてまたこの内政改革を重視した林則徐のような官僚を経世済民型とし、それ以外の私利私欲をはかる陞官発財型の官僚と区別する。さらに内政改革を必要とした清末の基層社会の実情を考察し、農民や商人、そして士人層の実態を明らかにすることによって、この時期の社会構造と行政の関係をみようとした。中国が国際社会に組み込まれていくなかで、その時代を生きた人々がどのように対応したかということは過去の時代の問題ではなく、現代にもつながっていく。

ただ魏源の経世思想の根拠となった公羊学については、明治維新後の日本ではほとんど取り入れられなかった。維新後の日本が魏源に求めたのは公羊学ではなく、欧米の軍事・産業技術の優れていることを指摘した点であり、また経世済民を意味する用語も欧米のポリティカル・エコノミー▲が適用され、経世という用語は日本では使用されなくなったのである。ところが清末の中国では公羊学が変法論者である康有為・梁啓超らに重んぜられ、その思想根拠になっていた。さらに経世という用語も清末まで使用され続けた。民国になって中国は君主政のもとで学ばれた経世学と、それに結びつく政治思想としての公羊学の研究はおこなわれなくなった。公羊学は哲学の一部門となり今日に至っている。

今日あらためて日本の近代化の原点となった明治維新につき検証する際に、日本の開国に影響を与えた林則徐・魏源について学ぶことは、日中両国の現在と将来を考えるうえでも肝要であると思うものである。

筆者が林則徐の名を知ったのは中学一年のとき「阿片戦争」という映画を見たときからである。当時英米と戦争をしていた日本が戦意高揚をはかる目的のためにつくられたのであるが、そのなかで市川猿之助が演じる林則徐のアヘンを燃やせという凜とした場面に強い衝撃を受けた記憶があった。

▼**ポリティカル・エコノミー**(Political Economy) ヨーロッパではアダム・スミスの「国民の富」研究にみられる古典派経済学の用語。この用語を幕末西欧に派遣されていた神田孝平たちが「経済」と訳した。その一方で西周は「ポリチカルは政の義なり」と述べ、儒学の政教一致から分離して政治の独自性を明らかにした。

戦後日本が中国を侵略していたことを学ぶなかで、中国の研究をすることの必要性を悟り、そのなかでアヘン戦争から始まる中国と明治維新後の日本について検証しようと思ったのである。アヘン戦争の立役者は林則徐であるが、その幕友に魏源がおり、しかも彼の著作『海国図志』が幕末日本の開国に大きな影響を与えたことを知ったときに、筆者はこの魏源の思想と著作に大きな関心をもったのである。

八十歳を過ぎた筆者は、この小論を終えるにあたり、この両人が晩年ともに仏教に関心をもった点に注目した。林則徐は晩年写経をなし、魏源も杭州の仏院で余生を送った。中国では士大夫は儒教を実践倫理とするのであるが、彼らはまた居士として仏教を学ぶ習慣があった。これは儒教倫理が現世の教えであるのに対して、仏教は現世を越えた世界を説くものであったからである。両人はともに国や民のために尽力した人生であったが、晩年は人の生そのものの意義を考えるようになったと思われる。その際、後世の人に残すべきものはなにかと考え、それを仏の教えのなかに見出そうとしていたのではないかと筆者は共感するものである。

林則徐とその時代

西暦	年号	齢	おもな事項
1785	乾隆50	1	福建省侯官県(福州)に生まれる。
1798	嘉慶 3	13	院試に合格し生員(秀才)となる。
1804	9	20	郷試に合格し挙人となる。
1807	12	23	福建巡撫張師誠の幕友となる。
1811	16	27	殿試に合格して進士となり，翰林院庶吉士となり帰郷。
1812	17	28	上京の際，両江総督百齢と会う。
1814	19	30	翰林院編修に就任。
1816	21	32	江西郷試副考官に就任。
1819	24	35	***2***- 江南道監察御史に就任。***3***- 会試同考官に就任。***4***- 雲南郷試正考官に就任。***12***- 雲南より帰郷した際，宣南詩社に参加。
1820	25	36	浙江杭嘉湖道に就任。
1821	道光元	37	***7***- 父親と本人の病気を理由に辞職，侯官に帰る。
1822	2	38	***3***-上京の際に恩師陳寿祺に詩を贈る。***6***-署浙江塩運使に就任。***8***-署江南淮海道に就任。
1823	3	39	***1***- 江蘇按察使に昇任。***12***- 署江蘇布政使に就任。
1824	4	40	母の死去により服喪のため侯官に帰る。
1826	6	42	***4***- 署両淮塩政に任命されるが，病気により辞任。
1827	7	43	***5***- 陝西按察使，署陝西布政使に就任。ついで江寧布政使に昇進，父の死去により服喪のため侯官に帰る。
1830	10	46	上京後，宣南詩社に参加。***6***- 湖北布政使に任命される。***11***- 河南布政使に転任。
1831	11	47	***7***- 江寧布政使に就任。***10***- 河東河道総督に就任。
1832	12	48	***2***- 江蘇巡撫に就任。
1835	15	51	署両江総督に就任。
1837	17	53	***1***- 湖広総督に昇進。
1838	18	54	アヘン厳禁論上奏。上京後，欽差大臣として広東に向かう。
1839	19	55	***1***- 広州に到着，***2***- 出示禁烟。***3***- 両江総督に任命される。***3***- イギリス商人からアヘンを没収して処分。***7***- 林維喜事件。***11***- 中英貿易の停止。
1840	20	56	***1***- 両広総督に就任。***4***- イギリス出兵，定海陥落。***9***- 解職。
1841	21	57	***4***- 浙江への赴任。***5***- イリ追放決定。***7***- 鎮江で魏源と会う。***11***- 河南の黄河の修築。
1842	22	58	***2***- イリに向けて出発。***11***- 西安・蘭州・ハミをへてイリに到着。
1843	23	59	「俄羅斯国紀要」撰。クチャ・アクスンの荒地開発。
1844	24	60	***1***- イリ屯田開墾事業。
1845	25	61	***1***- カシュガル開墾。***8***- トルファン・ハミの開墾。***11***- 署陝甘総督に就任(涼州)。
1846	26	62	***3***- 陝西巡撫に就任(西安)。
1847	27	63	***3***- 雲貴総督に就任。***6***- 昆明へ。
1848	28	64	***10***- 鄭夫人死去。
1849	29	65	***9***- 病気を理由に辞職，侯官に帰る。
1850	30	66	***10***- 太平天国の乱発生により欽差大臣となり，広西に赴くが，途中，潮州で病没。

魏源とその時代

西暦	年代	齢	おもな事項
1794	乾隆59	1	湖南省邵陽県に生まれる。
1810	嘉慶15	17	県学廩生となる。
1813	18	20	抜貢により生員となる。貢生に選抜される。
1821	道光元	28	順天郷試に応試。『大学古本』などを刊行。
1822	2	29	挙人となる。西北地理を研究。
1823	3	30	都にて龔自珍と会い，時務を論ずる。
1825	5	32	江蘇布政使賀長齢の幕友となり，『皇朝経世文編』を編纂。「籌漕上篇」を作成。
1826	6	33	都にて会試に応ずるも合格せず，山東布政使賀長齢の幕友となる。『皇朝経世文編』完成。
1827	7	34	「籌漕下篇」作成。
1828	8	35	杭州に遊び，仏典の研究。
1829	9	36	寄付金を入れて内閣中書となる。
1830	10	37	都にて黄爵滋・林則徐と会う。『詩古微』『董子春秋発微』作成。酒泉・嘉峪関まで行く。
1831	11	38	父死去。
1832	12	39	両江総督陶澍の幕友となり，淮塩改革を議す。都にて龔自珍・包世臣と会い，また江南で林則徐と会う。
1833	13	40	「東南七郡水利略」を書く。
1837	17	44	揚州に移居，周済と交友。
1839	19	46	北京で林則徐と会いアヘン厳禁策を進言，陶澍死亡後「籌塩下篇」作成。
1840	20	47	揚州に滞在。『詩古微』重訂。
1841	21	48	浙江に赴き，欽差大臣裕謙の幕友となる。鎮江で林則徐と会い『海国図志』作成を要望される。
1842	22	49	『聖武記』14巻揚州で刊行。「籌河篇」作成。
1844	24	51	『聖武記』重修。会試に合格。『海国図志』50巻揚州で刊行。
1845	25	52	殿試に合格し進士となる。揚州府東台県知県に就任。「畿輔河渠議」作成。
1846	26	53	母死去。官を辞し，揚州で『聖武記』重訂。江蘇巡撫李星沅に「作銭漕更弊議」上奏。
1847	27	54	李星沅に「籌鹺篇」上奏。江蘇巡撫陸建瀛の幕友となる。嶺南の番禺・澳門・香港を遊訪，帰途，邵陽に寄る。『海国図志』60巻を揚州で刊行。
1848	28	55	父母を葬る。
1849	29	56	揚州府興化県知県に就任。下河水利調査，両江総督陸建瀛の命令により「論下河水利害」作成。
1850	30	57	海州分司運判を兼務，高郵知州に就任。
1852	咸豊元	58	『海国図志』増補100巻を高郵で刊行。
1853	3	60	太平天国軍が揚州に迫り団練結成。河道総督の弾劾で官を去る。
1854	4	61	『浄土四経』を興化で刊行。『元史新編』脱稿，捻乱に際して兵部侍郎周天爵の軍務に参与，高郵知州再任を辞す。
1855	5	62	『書古微』を高郵で刊行。『明代食兵二政録』を興化で完成。
1856	6	63	杭州の僧舎に寄居。
1857	7	64	杭州に没す。

参考文献

①林則徐関連文献
林則徐『林文忠公全集』徳志出版社，1963年
中山大学歴史系中国近代現代史教研組研究室編『林則徐集』中華書局，1962年
楊国楨編『林則徐書簡　増訂本』福建人民出版社，1981年
鄭麗生校箋『林則徐詩集』海峡文芸出版社，1986年
堀川哲男『林則徐——清末の官僚とアヘン戦争』中公文庫，1997年
井上裕正『林則徐』白帝社，1994年
林崇墉『林則徐伝』台湾商務印書館，1976年
楊国楨『林則徐伝』人民出版社，1995年
来新夏『林則徐年譜　増訂本』上海人民出版社，1985年
林慶元『林則徐評伝』河南教育出版社，1990年
魏秀海『陶澍在江南』中央研究院近代史研究所，1985年
福建省社会科学聯合会編『林則徐研究論文集』福建教育出版社，1992年

②アヘン戦争関連文献
井上裕正『清代アヘン政策史の研究』京都大学学術出版会，2004年
大谷敏夫『中国近代政治思想史概説』汲古書院，1993年
開国百年記念文化事業会『鎖国時代日本人の海外知識』原書房，1978年
中国科学院近代史研究所編『鴉片戦争期思想史資料選輯』中華書局，1963年
魯凡之『鴉片戦争与香港』集賢社，1984年
寧靖編『鴉片戦争史論文専集　続編』人民出版社，1984年
陳勝粦『林則徐与鴉片戦争論稿』中山大学出版社，1985年（増訂本，近代中国研究叢書，中山大学出版社，1990年）
福建社会科学院歴史研究所編『林則徐与鴉片戦争研究論文集』福建人民出版社，1985年
姚廷芳編『鴉片戦争与道光皇帝・林則徐・琦善・耆英』三民書房，1970年
張勁草他『林則徐与国際法』福建教育出版社，1990年
Arther Waloy, *The Opium War Through Chinese Eyes,* London, 1971.
James M. Polachek, *The Inner Opium War,* Harvard UniversityPress, 1992.

③魏源関係
魏源『魏源集』中華書局，1976年
湖南省魏源詩文注釈組『魏源詩文選注』湖南人民出版社，1979年
王家倹『魏源年譜』中央研究院近代史研究所出版，1967年
黄麗鏞『魏源年譜』湖南人民出版社，1985年
陳耀南『魏源研究』香港乾惕書屋出版，1979年
楊慎之・黄麗鏞編『魏源思想研究』湖南人民出版社，1987年
王家倹『魏源対西方的認識及其海防思想』国立台湾大学文学院，1963年
李柏栄『魏源師友記』岳麓書社，1983年
李漢武『魏源伝』湖南大学出版社，1988年
馮天瑜主編・李少軍『魏源与馮桂芬』湖北教育出版社，2000年

④林則徐・魏源の思想と政策関連研究論文
大谷敏夫「林則徐研究における現状と課題」「陶澍・林則徐の治政策」「魏源の経世

思想」「包世臣・魏源の漕運・水利策」「海国図志と瀛環志略」「海国図志の幕末日本に与えた影響」「十九世紀清朝の新疆統治の思想と政策」「阿片戦争後の経世学と歴史地理学」（『清代政治思想と阿片戦争』同朋舎出版，1995 年）
大谷敏夫「陶澍・林則徐による水利行政」（『清代政治思想史研究』汲古書院，1991 年）
大谷敏夫「陶澍の行政と思想」（『清代の政治と文化』朋友書店，2002 年）
大谷敏夫「幕末経世思想についての一考察：斎藤拙堂の思想を中心として」（『鹿大史学』52 号，2005 年）
源了圓「〈開国〉と〈公共〉との思想的関連」（『横井小楠：1809-1869：「公共」の先駆者』藤原書店，2009 年）
李臣瀾「魏源与海国図志」（『海国図志』中州古籍出版社，1999 年）

図版出典一覧

Edward V. Gulick, *Peter Parker and the opening of China,* Harvard University press, 1973 *38, 39* 下
黄麗鏞『魏源年譜』湖南人民出版社，1985 年 *63, 84*
魏源撰『海国図志』岳麓書社，1998 年 扉，*85* 上，下
魏秀海『陶澍在江南』中央研究院近代史研究所，1985 年 *77*
戴学稷『鴉片戦争人物伝』福建教育出版社，1985 年 *8*
商衍鎏，『清代科挙考試述録』新華書店，1958 年 *19*
『中国法書選・中国法書ガイド　総索引』二玄社，1991 年 *20*
中山大学歴史系中国近現代史教研組研究室『林則徐集　日記』中華書局，1961 年 *23, 34*
張勁草他『林則徐与国際法』福建教育出版社，1990 年 *40*
陳耀南『魏源研究』香港乾惕書屋出版，1979 年 *87, 93*
鄭麗生校箋『林則徐詩集』海峡文芸出版社，1986 年 *53*
馮佐哲『和珅評伝』中国青年出版社，1998 年 *12, 13*
来新夏『林則徐年譜』上海人民出版社，1981 年 *39* 中
李漢武『魏源伝』湖南大学出版社，1988 年 *54, 57*
林崇墉『林則徐伝』台湾商務印書館，1976 年 *52*
魯凡之『鴉片戦争与香港』集賢社，1984 年 *10, 28, 37, 39* 上，*44, 45*
CPC フォト提供 カバー表
ユニフォトプレス提供 カバー裏

大谷敏夫(おおたにとしお)
1932年生まれ
京都大学大学院文学研究科東洋史学博士課程単位取得退学
専攻，清代政治思想史
鹿児島大学名誉教授，京都大学文学博士

主要著書・訳書
『清代政治思想史研究』(汲古書院 1991，2020 再版)
『中国近代政治思想史概説』(汲古書院 1993)
『中国書論大系15巻 清5 安呉論書』(二玄社 1983)
『清代政治思想と阿片戦争』(同朋舎出版 1995)
「湖南の中国文化論と政治論」(内藤湖南研究会編『内藤湖南の世界——アジア再生の思想』河合文化教育研究所 2001)
『清代の政治と文化』(朋友書店 2002)
フェアバンク『中国の歴史——古代から現代まで』(共著，重刊，ミネルヴァ書房 2014)
『清代の政治と思想』(朋友書店 2016)
『ある歴史学者・教育者の人生——戦後七十年の歩み』(朋友書店 2019)

世界史リブレット人 70
魏源《ぎげん》と林則徐《りんそくじょ》
清末開明官僚《しんまつかいめいかんりょう》の行政《ぎょうせい》と思想《しそう》

2015年4月25日　1版1刷発行
2022年4月30日　1版2刷発行

著者：大谷敏夫《おおたにとしお》

発行者：野澤武史

装幀者：菊地信義

発行所：株式会社 山川出版社

〒101-0047　東京都千代田区内神田1-13-13
電話　03-3293-8131(営業)　8134(編集)
https://www.yamakawa.co.jp/
振替　00120-9-43993

印刷所：株式会社 プロスト

製本所：株式会社 ブロケード

 ISBN978-4-634-35070-0